Dewi Sant

Argraffiad cyntaf: 2001
Ail argraffiad: 2003

Lluniau: Margaret Jones
Dylunio: Olwen Fowler

Cyhoeddwyd gyda chymorth ariannol Cyngor Celfyddydau Cymru

ISBN: 0 86243 604 4

Rhwymwyd yng Nghymru gan Principle Book Binders, Ystradgynlais

Argraffwyd a chyhoeddwyd yng Nghymru gan
Y Lolfa Cyf., Talybont, Ceredigion SY24 5AP
e-bost ylolfa@ylolfa.com
y we www.ylolfa.com
ffôn (01970) 832 304
ffacs 832 782
isdn 832 813

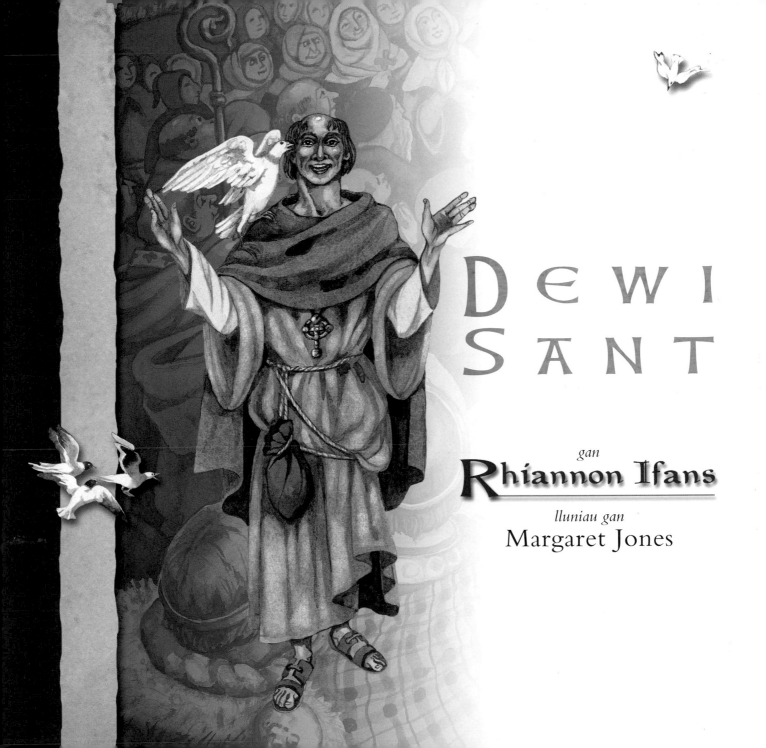

DEWI SANT

gan
Rhiannon Ifans

lluniau gan
Margaret Jones

I
Gwyddno, Seiriol ac Einion

Diolchiadau

Dymuna'r awdur ddiolch i Dr Gwyn Davies, Dr Menna Davies,
Dafydd Ifans, a'r Athro Emeritws R.M. Jones am
eu cymorth gwerthfawr wrth lunio'r gyfrol hon.

4

CYNNWYS

DEWI SANT

Llyfr yw hwn am sant pwysicaf Cymru, sef Dewi. Nid oes neb yn gwybod llawer iawn am hanes Dewi mewn gwirionedd, ond y mae rhywfaint o wybodaeth amdano sy'n sicr o fod yn wir. Yr oedd Dewi yn byw yn ystod y chweched ganrif. Enw ei fam oedd Non, ac efallai mai Sant oedd enw ei dad. Bachgen o dde Ceredigion a gogledd sir Benfro, o gwmpas ardal Tyddewi, oedd Dewi. Galwai pawb ef yn 'Dewi Ddyfrwr' am ei fod yn hoffi yfed dŵr, ac roedd yn byw ar fwydydd syml iawn wedi iddo dyfu'n ddyn a mynd yn fynach. Bu farw, efallai, ar 1 Mawrth 589.

Oherwydd ei fod yn ddyn mor wych fe dyfodd llawer o draddodiadau amdano ar ôl iddo farw. Straeon o glod yw'r rhain i gyd. Nid oedd pobl ers talwm yn hidio dim a oedd y straeon yn llythrennol wir ai peidio.

Ond roedd yn bwysig iawn iddynt fod yr hyn a oedd yn cael ei ddweud am Dewi yn ardderchog, yn arwrol, ac yn gyson â'r cof melys amdano. Cofiai pawb ei fod yn ddyn cryf a charedig, felly fe ddywedid straeon amdano er mwyn dangos hynny. Cofiai pawb ei fod yn bregethwr grymus, felly fe ddywedid straeon amdano cr mwyn atgoffa pobl Cymru o hynny. Cofiai pawb ei fod yn arweinydd rhagorol, yn arweinydd llawer mwy beiddgar a phwysig nag Owain Glyndŵr, hyd yn oed. Yr oedd yn rhaid adrodd straeon rhyfeddol am Dewi er mwyn gwneud hynny'n glir.

Mae'r llyfr hwn yn llawn o straeon syfrdanol am Dewi. Dathliad o'i fywyd, ar ffurf storïau mawl, yw'r gyfrol hon.

Tair anrheg ryfedd!

Tair anrheg ryfedd!

Roedd traed Sant, Brenin Ceredigion, yn oer oer. Roedd y cnawd yn rhynllyd las. Tynnodd ei sandalau lledr oddi am ei draed a'u lluchio i un ochr.

'Bedwyr!' taranodd. 'Dere i olchi 'nhraed i mi gael cynhesu rywfaint!'

Un digon anodd ei drin oedd Sant ar y gorau. Gwell ei gadw'n ddiddig. Brysiodd Bedwyr at y pair dŵr cynnes a ffrwtiai dros dân y gegin. Rhedodd ymlaen at Sant nes bod y dŵr yn strempian dros ymylon y badell aur.

'Mae'n ddigon oer i sythu brain, Eich Mawrhydi,' meddai Bedwyr yn slei. Celwyddgi oedd Bedwyr. Roedd tân cysurus ar lawr agored yr hen neuadd fawr a'r fflamau'n llyfu'r boncyffion coch.

'Taw â dy gleber! A brysia! Y cnaf di-lun!' chwyrnodd Sant rhwng ei ddannedd.

Daeth Elen, y forwyn, â diferyn o wirod boeth i Sant. Ond yn ei fyw ni allai Sant gynhesu dim.

'Efallai mai arwydd o weledigaeth yw hyn, Eich Mawrhydi,' mentrodd Bedwyr. 'Fe glywais lawer yn sôn eu bod yn mynd yn oer hyd fêr eu hesgyrn ac yn ofni eu bod am ddal cors o annwyd, ond erbyn trannoeth eu bod cystal ag erioed – a'u bod wedi gweld gweledigaeth.'

'Hm. Efallai dy fod yn iawn.' Teimlai Sant ychydig yn fwy bodlon ei fyd.

Sychodd Bedwyr draed ei feistr yn ofalus. Doedd wiw ei gythruddo eto.

Roedd gwawr las o dan y croen o hyd. Ymhen dim o dro roedd Sant yn swatio dan gwrlid croen arth ac yn chwyrnu'n braf.

Pan ddeffrôdd roedd golau rhyfedd o'i gwmpas.

'Paid ag ofni, Sant. Angel wyf fi, wedi dod â neges i ti. Yn fuan iawn, wrth hela, fe gei di dair anrheg. Pan ddoi di at lan afon Teifi fe fyddi di'n lladd carw. Dyna iti'r anrheg gyntaf. Wedyn fe fyddi di'n pysgota ac yn dal eog. Dyna'r ail anrheg. Cyn bo hir wedyn fe ddoi di o hyd i haid o wenyn. Dyna'r drydedd anrheg. Ond mae'n rhaid iti anfon darn o'r carw, darn o'r eog, a darn o ddil mêl i fynachlog Mawgan, sydd heb fod ymhell o lan yr afon.'

Syllodd Sant yn gegagored mewn braw. Ond nid dyna'r cwbl oedd gan yr angel i'w ddweud.

'Mae'r anrhegion hyn yn arwydd y cei di fab ymhen deng mlynedd ar hugain. Bydd ganddo hawl ar y tir lle cefaist ti'r tair anrheg, a bydd ganddo dair rhinwedd. Mae'r mêl yn arwydd y bydd ef yn fachgen doeth. Mae'r pysgodyn yn arwydd y bydd yn byw ar fara a dŵr dan fendith Duw, yn lle magu bol ar gig a braster. Ac mae'r carw yn arwydd o'i gryfder wrth drechu ysbrydion drwg. Dy fab di fydd rhyfeddod y wlad!'

'Mab!' meddai Sant. 'Fy mab i fy hun!' Ni allai ogor-droi yn ei wely un eiliad yn rhagor. Gwisgodd ei sgidiau. Roedd ganddo waith i'w wneud. Heb aros am ei frecwast, cydiodd mewn bwa a saeth a mynd i farchogaeth ar hyd glan afon Teifi.

Yn union fel y dywedodd yr angel, daeth carw cryf i lwybr Sant. Saethodd Sant ef ar ganol ei frest. Syrthiodd y carw ar ei goesau blaen, gwegian fel brwynen, a gorwedd ar ei ochr mor farw â hoelen.

'Gwych!' meddai Sant. Ei anrheg gyntaf.

Gwyddai Sant fod eogiaid yn y rhan hon o'r afon. Biti na fyddai Bedwyr gydag ef yn awr. Doedd mo'i debyg am ddal eogiaid. Gorweddodd Sant ar ei fol yn edrych i lif y dŵr. Dyna sut y gwnâi Bedwyr wrth bysgota yn y bore bach. Neidiai dwylo Sant at bob eog a welai. Ond dim lwc. Er cynnig dal y pysgod â'i ddwylo droeon, roedd yr eogiaid yn llawer rhy chwim iddo. Gwibient heibio iddo fel saethau. Gallai daeru eu bod yn chwerthin am ei ben. Yn drwm ei galon, cododd Sant lond ei ddwylo o ddŵr glân yr afon i dorri ei syched.

'Ddaw hi ddim fel hyn,' meddai Sant wrtho'i hun. Tasgodd ddŵr dros ei dalcen a'i lygaid i gael deffro rhywfaint. Wrth sychu'r diferion o'i lygaid â dyrnaid o wair, gwelodd bicell a charrai ledr wedi'i rhwymo wrthi yn cuddio yn y drysni.

'I'r dim!' meddai Sant gan gosi ei ên.

Clymodd Sant y rhwymyn lledr am ei ganol a sefyll i ddisgwyl i'r eogiaid lamu drwy'r dŵr. Neidiodd eog tew dros un o gerrig yr afon. Lluchiodd Sant y bicell a suddodd honno i fol y pysgodyn arian. Llusgodd Sant yr eog i'r lan gerfydd y ruban lledr.

'Campus!' meddai Sant. Ei ail anrheg.

Neidiodd Sant ar gefn ei farch a chrwydro glan afon Teifi. Dwy allan o dair, a doedd hi ddim hyd yn oed yn amser cinio! Ni fyddai fawr o dro yn dod o hyd i haid o wenyn. Onid oedd pawb o bwys yn cadw gwenyn? Roedd siawns go dda fod nythaid rhywun wedi heidio ac wedi ailnythu ar lan yr afon. Byddai'n ddigon hawdd i Frenin Ceredigion eu hawlio.

Hanner awr yn ddiweddarach bu bron i geffyl Sant gerdded yn syth drwy nythaid o'r gwenyn mwyaf gweithgar a welodd neb erioed. Pigwyd y march yn ei benliniau nes bod sŵn ei weryru yn atsain drwy'r wlad. Ond doedd dim ots gan Sant. Roedd ef bron â drysu o hapusrwydd.

'Rhagorol!' meddai Sant. Ei drydedd anrheg.

Anfonodd Sant dalp mawr o gig carw a thalp llawn cymaint o gig eog i fynachlog Mawgan cyn nos. Gyda'r cig roedd dil mêl, y melysaf yn y wlad, yn ddiogel mewn potyn pridd. Caent aros yno yn y fynachlog am ddeng mlynedd ar hugain. Ac yna, fe gâi Sant fab!

Tybed?! Doedd dim amdani ond aros i weld.

Genedigaeth Dewi

Genedigaeth Dewi

Bu Sant yn byw fel gŵr bonheddig am ddeng mlynedd ar hugain. Bob dydd meddyliai am y mab rhyfeddol a gâi ei eni iddo. Ni fyddai ei fabi bach ef fel babis eraill Ceredigion. O, na fyddai! Nid llipryn bach llwyd a thenau fyddai ei blentyn ef. Fyddai ei blentyn ef ddim yn cadw reiat a'i geg yn gam a'i ddyrnau'n ffustio'r awyr. Gwyddai Sant yn union sut fabi a gâi ef. Babi bach tawel, tlws. Yr hyn na wyddai Sant oedd pwy fyddai ei fam.

Aeth Sant am dro drwy wlad Dyfed un diwrnod. Yno fe welodd forwyn hardd iawn o'r enw Non. Roedd Sant wedi dotio ati. Disgynnodd oddi ar ei geffyl a chodi sgwrs â hi. Dechreuodd garu â hi ar y gwair cynnes. Doedd Non ddim yn fodlon. Ond roedd Sant yn ddyn cryf a digywilydd. Yn erbyn ei hewyllys, daeth Sant yn dad i blentyn Non. O'r funud honno ymlaen wnaeth Non ddim bwyta dim yw dim oll ond bara, a dŵr i'w olchi i lawr.

Drwy gydol yr amser yr oedd Non yn disgwyl y babi byddai'n mynd i'r eglwys yn gyson. Hoffai wrando ar ddynion da yn sôn am Iesu Grist. Hoffai glywed hanes Iesu yn gofalu am ei ffrindiau, ac yn gwella pobl sâl. Un bore aeth Non i'r eglwys i weddïo am enedigaeth ei babi. Roedd yr eglwys yn dywyll wrth iddi fynd i mewn o'r haul llachar. Wrth i'w llygaid gynefino â'r tywyllwch gallai weld pobl y pentref yn gwrando'n astud ar y gŵr main, tal a safai o'u blaen. Ond

yr oedd y gŵr ifanc yn amlwg mewn trafferthion.

Mwythai'r mynach tal ei wddf. Ceisiodd ei orau glas i bregethu ond roedd wedi mynd yn gwbl fud, a hynny ar amrantiad. Bob tro y ceisiai ailafael yn ei bregeth roedd rhywbeth yn tagu'r geiriau yn ei wddf. Rhythai'r gynulleïdfa'n syn arno. 'Rhoi'r gorau i'w bregeth hanner ffordd drwyddi! Dyna beth od!' meddai un wrth y llall.

Cododd y mynach tal ei law i'w tawelu. Gildas oedd hwn, un o seintiau enwocaf Cymru. 'Rwy'n gallu siarad a sgwrsio â chi yn iawn,' meddai, 'ond yr eiliad rwy'n dechrau pregethu mae fy llais yn sychu. Dwi ddim yn deall y peth, ond rwy'n gwybod beth wnaf fi. Ewch chi i gyd mas i'r awyr iach, ac fe geisiaf innau bregethu i eglwys wag.'

Bu cryn lusgo traed a grwgnach ond cyn bo hir roedd llawr yr eglwys yn wag, a'r mynach tal yn barod i bregethu i'r llau yn y gwellt. Doedd dim yn tycio. Bob tro yr agorai ei geg roedd ei lais fel petai'n crygu.

'Os oes rhywun ar ôl yn yr eglwys yma, yn cuddio yn y cysgodion, dewch ymlaen ar unwaith,' gorchmynnodd.

'Fi sy'n cwato yma,' meddai Non. 'Fe ddes i mewn i weddïo dros y babi.' Roedd arni gymaint o eisiau clywed hanesion am Iesu Grist a dod i'w garu, roedd hi wedi aros i wrando gyda'r llau. Pan aeth y pentrefwyr allan i'r haul roedd hi wedi cuddio y tu ôl i'r palis oedd yn rhannu'r eglwys yn ddwy – un rhan i'r dynion a'r llall i'r merched – rhag ofn iddi golli dim un gair.

'Cer mas, Non fach,' meddai'r mynach tal yn garedig, 'a dywed wrth y pentrefwyr am ddod yn ôl i mewn. Ti'n gweld, alla i ddim pregethu i ti. Fe gei di fab a fydd yn llawer mwy na fi. Mae'n amhosibl imi bregethu i dy fabi di er nad yw wedi ei eni eto.'

'Ond ti yw Gildas, un o ddynion gorau'r byd,' protestiodd Non.

'Fe fydd dy blentyn di yn llawer pwysicach na fi,' meddai Gildas. 'Bendith arnoch chi'ch dau, a Duw gyda chwi.'

Trodd Non a mynd allan i'r gwres. Cyn pen winc roedd y pentrefwyr yn sefyll yn yr eglwys, a llais cadarn Gildas fel llais cawr.

Ar yr un adeg yn union yr oedd y Brenin Cynyr, tad Non, wedi mynd i weld dewin. Dywedodd y dewin wrtho y câi babi rhyfeddol ei eni yn y fro cyn bo hir. Byddai'n tyfu'n ddyn doeth a nerthol, ac ni fyddai byth yn bwyta cig. Aeth Cynyr yn gandryll o'i go. Babi Non fyddai hwn! Doedd Non ddim yn bwyta cig chwaith! Plagiwyd Cynyr gan gasineb at y babi. Aeth mor genfigennus ohono fel na fedrai fyw yn ei groen.

'Beth petai'n dwyn fy nheyrnas? Dim perygl! Chaiff y babi newydd ddim byw eiliad yn hwy nag sydd raid. Ddim tra bydda i yma i'w ladd!'

Wedi cael ar ddeall gan y dewin ble byddai'r babi'n cael ei eni, penderfynodd Cynyr y byddai'n gwylio'r fan ddydd a nos. Gwyddai'n union sut i'w ladd. Byddai Cynyr yn gwasgu ei wddf â'i ddau fawd caled. Byddai ar ben ar y babi cyn y medrai dynnu anadl i sgrechian.

Wrth i amser geni'r babi ddod yn nes, aeth Non allan am dro ar hyd yr union ffordd lle roedd Cynyr yn gwylio. Fel yr oedd Non yn mynd drwy'r bwlch i'r cae, tywyllodd yr awyr. Cododd gwynt cryf a chwythu'r blodau melyn yn y cloddiau nes bod eu clychau'n canu'n glir.

A'i llaw yn gafael yn dynn yn ei siôl, gwyrodd Non ei phen ar ongl i'r gwynt, oedd erbyn hynny yn tynnu rhidens ei siôl fagu. Fflachiai'r mellt fel cyllyll byw, a dychrynwyd yr ysgyfarnogod gan glec y taranau. Llifai glaw o'r awyr fel o grwc. Nid oedd dyn nac anifail a fedrai aros allan yn y storm honno.

Neb ond Non. O'i chwmpas hi, a hi yn unig, roedd yr haul yn tywynnu ar ôl y cwthwm cyntaf hwnnw o wynt. Roedd y ddaear lle rhoddodd Non enedigaeth i'w babi bychan yn sych a chynnes. Wrth iddi eni'r babi pwysodd Non ei llaw ar garreg yn ei hymyl. Gadawodd farc ei llaw ar y garreg, mor amlwg â phetai mewn cwyr. Trawyd y garreg gan fellten a thorrwyd hi'n ddau ddarn. Llamodd un darn dros ben Non a sefyll yn dal wrth ei thraed. Dyna lle codwyd eglwys Non, a'r garreg yn rhan o'r allor.

Yn fuan wedyn cafodd y babi bach ei fedyddio. Rhoddodd yr esgob yr enw Dewi iddo.

Prifiai Dewi rywfaint bach mwy bob dydd, yno yn y cwm gwyllt ym mherfeddion Cymru, lle canai'r blodau melyn yn y cloddiau drwy'r dydd a lle disgleiriai'r sêr ar ben y bryniau drwy'r nos.

Yr aderyn pig aur

Yr aderyn pig aur

Ar ôl brecwast mawr o wyau, torthau bach o fara, mêl, a llaeth ffres o deth yr afr, roedd Ioan yn barod i gychwyn am yr ysgol. Cliriodd ei fam y platiau pren a chipio'r cwpan o law Ioan bron cyn iddo orffen llyncu.

'Er mwyn popeth, cer mas o'r tŷ yr eiliad hon,' meddai ei fam. 'Y peth olaf rwy'n moyn yw'r mynach yna yn dod ffordd hyn i gwyno dy fod di'n hwyr ETO.'

Roedd Ioan yn ffodus iawn ei fod yn cael mynd yn agos at ysgol Gweslan y mynach. Ond nid dyna farn Ioan, wrth gwrs. Byddai'n llawer gwell ganddo ef orffen clirio'r cerrig a'r chwyn o'r caeau er mwyn i'w dad gael trin y tir. Byddai hyd yn oed cribo gwlân y ddafad i'w fam (er gwaethaf y llau a'r pryfed mân) yn well na mynd i'r ysgol. Hysiodd ei fam ef o'r tŷ â chadach llestri.

'Rwy ar fy ffordd!'

Baglodd Ioan drwy'r drws fel yr oedd ei fam yn ei siarsio i alw am Dewi, ei ffrind, yn gwmni. Roedd ei fam hefyd am wneud yn hollol sicr mai ar hyd y llwybr lludw at y mynach yr âi Ioan, ac nid rhuthro allan gyda'i gyllell hir i dorri ei ffordd drwy'r llwyni isel a'i feddwl ar adfer mwy o dir gwyllt i'w dad ei drin.

'Dere, Dewi! Yr hen lwmpyn diog â thi! Gloi!' gwaeddodd Ioan.

Rhedodd y ddau ffrind nerth eu coesau bach byrion ar hyd y llwybr garw, heibio i'r llwyni mwyar duon a'r rhosod gwyllt, nes cyrraedd y coed yw. Yn y

llecyn tawel hwn yr oedd ysgol y mynach. Dyma lle disgwylid i'r ddau ddysgu eu llythrennau. Dyma lle dysgid trefn yr eglwys iddynt. Ac o dan y golau gwyrdd a frwydrai ei ffordd drwy gangau tywyll yr hen hen goed y dysgai'r ddau ganu siantau'r eglwys.

'Byddai'n well gen i ddysgu sut i redeg ar ôl adar. A dysgu sut i ladd nadroedd.'

'Dyw Gweslan ddim yn gwybod sut i ladd nadroedd, siŵr!' meddai Dewi.

'Na sut i redeg fel ffŵl. Dyw e ddim yn gallu rhedeg o gwbl!' meddai Ioan gan biffian chwerthin.

Roedd Gweslan yn hen iawn. Ac roedd ei fol mor dew fe gollai ei wynt wrth blygu drosto i godi ei gwilsyn. Roedd meddwl amdano yn rhedeg ar ôl adar mor ddoniol, rhedai'r dagrau i lawr gruddiau'r bechgyn.

'Llefen! Llefen! Y babi dwl. Dere, Dewi, ras i'r dosbarth!' Sgrialodd y ddau ffrind i lawr y llwybr.

Ioan a Dewi oedd y ddau olaf i gyrraedd y dosbarth. Edrychai'r athro yn llym ar y bechgyn wrth iddynt sgubo i mewn drwy'r drws. Roedd cleisiau diffyg cwsg o dan ei lygaid. Ar y llawr noeth y cysgai Gweslan. Mae'n rhaid ei fod wedi codi neithiwr, ymdrochi mewn dŵr rhewllyd, a gweddïo wrth yr allor nes i'r bore bigo'i ffordd drwy'r tywyllwch. Dyna a wnâi mynachod yn aml. Byddai'n rhaid i Ioan a Dewi fod yn ofalus iawn. Ddeuai dim da o gamfihafio heddiw, ac amynedd yr hen fynach mor brin.

Fel petai'n medru darllen eu meddwl, hedfanodd aderyn hardd i mewn

drwy'r drws agored. Hedfanodd
o gwmpas y dosbarth dair gwaith.
Aderyn rhyfedd oedd hwn. Nid
un o'r piod du a gwyn wedi dod i
ddwyn ffon fagl y mynach ydoedd.
Nid coch y berllan wedi dod i frolio
ei blu lliw tân ydoedd. Nid un o'r
colomennod a welsant yn caru yn y
colomendy y tu allan i'r mynachdy
ydoedd chwaith. Ond aderyn dieithr.
Colomen â phig aur.

Glaniodd y golomen ar ysgwydd
Dewi. Ni chymerodd Gweslan sylw
o gwbl o'r golomen big aur. A dweud
y gwir, yr oedd fel petai wedi bod yn
disgwyl iddi ddod ers tro. Siriolodd
Gweslan drwyddo, a chafwyd diwrnod
hapus er gwaetha'r cleisiau dan lygaid
yr hen ŵr.

Daeth yr aderyn pig aur a Dewi
yn ffrindiau mawr. Bob tro y dysgai

Gweslan salm newydd i'r dosbarth, sisialai'r aderyn pig aur yng nghlust Dewi a'i helpu i'w dysgu.

'Y mae Duw yn noddfa ac yn nerth i ni,' meddai Gweslan.

'Y mae Duw yn noddfa ac yn nerth i ni,' meddai'r aderyn pig aur yng nghlust Dewi.

'Y mae Duw yn noddfa ac yn nerth i ni,' meddai Dewi a'i lais yn glir fel cloch. Nid oedd Dewi byth yn methu.

Daeth yr hydref yn gynnar y flwyddyn honno. Casglodd Ioan a Dewi yr afalau oddi ar goed y berllan i helpu mam Ioan.

'Beth gei di yn hongian ar goed fale?' holodd Dewi dan sychu'r sudd afal oedd yn rhedeg i lawr ei ên ac yn disgyn ar ei diwnig.

'Wn i ddim. Beth gei di yn hongian ar goed fale?'

'Breichiau tost!'

Drwy eu dagrau gwelai'r ddau Gweslan yn gwneud ei ffordd yn araf tuag atynt. Cododd ei law ar y bechgyn a sobrodd y ddau yn syth. Ond aeth Gweslan heibio i dŷ Ioan.

'Mynd i weld dy fam di mae e,' meddai Ioan wrth Dewi. 'Ys gwn i beth mae e'n moyn. Dere i ni gael mynd i glustfeinio tu fas i'r drws.'

A dyna sut y clywodd y ddau fod Dewi i gael ei symud i ysgol arall. Roedd cynllun ar droed i'w anfon o ysgol Henfynyw i ysgol yr Henllwyn, lle roedd Peulin yn abad. Peulin fyddai'n dysgu Dewi o hyn ymlaen.

Dwlodd Dewi ar ei ysgol newydd. Dwlai ar y pantiau dwfn ym mhob gris wrth iddo ddringo i gapel yr abaty. Dwlai edrych drwy'r ffenestri pigfain ar y barcud yn hofran yn y gwynt. Ond yn fwy na dim dwlai ar ei wersi. Hanes y Pasg oedd orau ganddo.

Yn gynnar ar fore Sul y Pasg âi Peulin, y mynachod i gyd, a'r disgyblion i addoli. Roedd lliain claerwyn ar yr allor, a chroes aur ar ei chanol. Llafarganai Peulin adnodau o'r Beibl. Roedd Dewi yn eu gwybod i gyd.

Paratôdd Peulin i gofio am Iesu. Roedd Iesu wedi cymryd ei gosbi gan Dduw, ac wedi marw, i arbed i bobl orfod dioddef am eu beiau eu hunain. Rhoddodd Peulin fara ar blât aur, a gwin coch mewn cwpan cymun. Bendithiodd Peulin y bara a'r gwin. Roedd Sul y Pasg yn ddiwrnod pwysig iawn. Roedd pawb oedd yn cymryd darn o'r bara, ac yn sipian y gwin, yn gwneud hynny i ddangos ei fod yn credu bod Iesu, ar ôl iddo farw, wedi codi o'r bedd – YN FYW! Dyna'r adeg orau o'r flwyddyn i gyd i Dewi.

Roedd pob dydd yn ysgol Peulin yn braf. Un noson cafodd Peulin boen ofnadwy yn ei lygaid. Erbyn y bore yr oedd ei lygaid yn goch a llidus. Gwingai wrth i olau gwan y bore ddod drwy ffenest ei gell.

Galwodd ei ddisgyblion i gyd ato, fesul un, i weld a allai rhywun ei wella. Yr oedd wedi mynd yn ddall. Gweddïodd pob un yn ei dro am nerth i fedru gwella ei olwg. O un i un, aethant yn ôl i'w celloedd wedi methu. Yr unig un nad oedd wedi rhoi cynnig ar wella llygaid Peulin oedd Dewi. Galwyd ef ymlaen.

'O, na!' meddai Dewi, 'fedrwn i byth. Rwyf wedi bod yma am ddeng mlynedd yn darllen gyda Peulin, ond yn ystod yr amser yna i gyd nid wyf erioed wedi edrych yn ei wyneb. Fe fyddwn i'n llawer rhy swil i gyffwrdd â'i lygaid. Gofynnwch i rywun arall.'

'Dere, Dewi,' meddai Peulin. 'Os wyt ti'n rhy swil i edrych arna i, yna cyffwrdd fy llygaid heb edrych. Dim ond iti wneud hynny, rwy'n siŵr y byddaf yn gweld yn iawn.'

Cododd Dewi at ei athro. Gweddïodd am nerth Duw. Cyffyrddodd lygaid dall Peulin. Ac yn yr eiliad honno fe wellodd y dolur a chafodd Peulin ei olwg yn ôl.

Y cymylau mwg

Y cymylau mwg

Cerddodd Dewi yn araf bach i fyny'r rhiw at y fynachlog. Gallai ei gweld yn eglur o waelod y clogwyn lle safai. Chwythai'r gwynt o'r môr gan sgubo popeth o'i flaen. Siglai drwy wisg Dewi nes sgrytian ei esgyrn. Pwysodd ar ei ffon fagl. Roedd wedi blino'n lân. Ar ei ffordd adref o Lydaw yr oedd Dewi ac yr oedd wedi cerdded bob cam o'r ffordd dros dir Llydaw a phob cam o'r ffordd dros dir Cymru. Un ymdrech arall a byddai'n ôl yn ei hen fynachlog yn yr Henllwyn.

Ond ni fyddai pethau fyth yr un fath i Dewi eto. Yn y flwyddyn 547 roedd pla ofnadwy, y Fad Felen, wedi taro'r wlad. Bu'n rhaid i Dewi ddianc am ei fywyd. Aeth i Lydaw gyda'i fam, Non. Ond ni ddaeth Non yn ei hôl i Gymru. Bu farw draw ger Landerneau yn Llydaw. Na, fyddai pethau fyth yr un fath eto.

Gwelodd Dewi wyneb yn edrych i lawr arno o ddrws y fynachlog. Gwenai hwnnw wên fel giât. Tybed? Ie'n wir, Gweslan, ei hen athro ym mynachlog Henfynyw. Roedd yn dal yn fyw ac yn iach, er gwaetha'r Fad Felen!

'Dere'r diogyn!' gwaeddodd llais caredig. Hwb, cam a naid, ac roedd Dewi'n camu dros riniog y fynachlog, fraich ym mraich â'i hen ffrind.

Cafodd Dewi groeso mawr. Digon o fara cynnes yn crensian wrth ei dorri, ac ystenaid o ddŵr clir o'r ffynnon. Câi teithwyr bob amser bysgod a chig brau yn y mynachlogydd, a menyn a llysiau. Roedd y bwrdd yn llawn. Ond dim ond

bara a dŵr a gymerodd Dewi, hyd yn oed ar ôl siwrnai mor arswydus.

'Dwyt ti wedi newid dim, Dewi,' meddai Gweslan yn falch.

'Rhyfedd iti ddweud hynny,' atebodd Dewi, 'a minnau'n ystyried gwneud un newid anferthol o fawr yn fy mywyd!'

'Beth sydd ar dy feddwl di?'

Cododd Dewi i'r ffenest. 'Edrych i lawr tuag at Borth-clais, Gweslan,' meddai.

'Does dim gwell golygfa drwy'r wlad,' meddai Gweslan.

'Ond mae'n safle mor beryglus! Gallai môr-ladron ddod â'u llongau i dir yn y porthladd unrhyw ddiwrnod, neu unrhyw noson dywyll, cropian i fyny'r llwybr, a'n lladd ni i gyd mewn cwta chwarter awr. Go brin fod lle mor beryglus â hwn yn unman yng Nghymru.'

'Beth yn union sydd gen ti mewn golwg?' holodd Gweslan.

'Symud,' meddai Dewi. 'Symud i mewn i'r tir, mas o olwg yr arfordir. Mae mannau mwy cysgodol na hyn yng nghefn gwlad lle cawn ni gysgod rhag stormydd, a lle cawn ni guddio rhag môr-ladron. Beth amdani?'

'Wn i ddim beth i'w feddwl,' meddai Gweslan. Cysidrodd yn galed. Roedd ei wyneb wedi crychu fel hances.

'Syniad da?' gofynnodd Dewi.

O'r diwedd cytunodd Gweslan. 'Rwy'n credu ei fod e,' meddai gan daro'r bwrdd â'i ddwrn.

Paciodd Dewi, a Gweslan ei hen athro, ac Aeddan a Teilo ac Ismael ei ffrindiau pennaf, a'r holl fynachod eraill, eu pethau i gyd a'u cario ar eu cefnau o'r fynachlog i le diogel. Glyn Rhosin oedd enw'r lle hwnnw. Dyna lle byddai eu cartref newydd. Wrth i'r nos gau amdanynt doedd dim arall y gallent ei wneud ond bwyta bara ac yfed dŵr a syrthio i gysgu'n sownd.

Cododd Dewi ar doriad gwawr. Roedd y bore'n brathu a Dewi'n gwynegu drwyddo i gyd. Ond roedd ganddo lawer i edrych ymlaen ato. Fyddai ei ddwylo ddim heb deimlad lawer yn rhagor. Ei dasg am y dydd oedd cynnau tân. Nid unrhyw hen dân fyddai hwn. Fe fyddai hwn yn dân arbennig, yn dân seremonïol, tân a fyddai'n arwydd ei fod ef, Dewi, yn mynd i setlo yn yr ardal. Ble bynnag y teithiai'r mwg o'r tân, byddai Dewi yn hawlio'r tir iddo'i hunan. Dyna'r ffordd arferol o hawlio safle. Ar y tir hwnnw fe fyddai'n codi mynachlog syml iddo'i hunan ac i'w gyfeillion.

Deffrôdd Dewi ei ffrindiau a brysiodd pob un i gasglu coed tân. Codai eu hanadl yn wyn wrth i olau gwan y bore dreiglo i'r byd. Ymhen dim o dro neidiai'r fflamau o'r twmpath coed. Roedd y coed yn rhai digon tamp a bu bron i'r mwg o'r coed eu mygu i gyd. Cododd yn gymylau trwchus dros yr ardal drwy'r bore, cododd dros Gymru oll erbyn y prynhawn, a thros rannau o Iwerddon erbyn nos.

Tynnodd y mwg sylw Bwya, tywysog o Wyddel oedd yn byw gyferbyn â'r lle yr oedd Dewi wedi cynnau'r tân. Roedd Bwya yn un o'r derwyddon

a deallodd neges Dewi ar unwaith. Roedd cymylau mawr o fwg yn chwyrlïo dros ei dir a'i gartref. Nid oedd Bwya yn ddyn hapus. A dweud y gwir yr oedd mewn tymer ddrwg iawn. Eisteddodd Bwya ar graig uchel yn gwylio'r mwg yn cylchu'r wlad. Ni allai fwyta dim drwy'r dydd.

Un galed iawn oedd Satrapa, gwraig Bwya. Aeth i chwilio am Bwya i gwyno am y mwg oedd yn difetha'r diwrnod iddi. O'r diwedd daeth o hyd iddo yn eistedd ar ei ben ei hun bach ar y graig.

'Pam wyt ti'n eistedd fan hyn?' gofynnodd.

'I wylio'r mwg,' meddai Bwya yn ddigalon. 'Mae'n dod o gyfeiriad Glyn Rhosin. Mae'n rhaid fod rhywun yna. Mae'n hawlio'r tir. Fe fydd pob darn o dir a phob blewyn o laswellt mae'r mwg yn ei guddio yn eiddo iddo fe.'

Os oedd Satrapa mewn tymer o'r blaen oherwydd y mwg, roedd hi gan gwaeth yn awr. Trodd ar Bwya. 'Cod ar unwaith! Cer mas fan 'co a'u hala nhw i gyd bant! Galw dy filwyr! Lladda'r dihirod hyn yn y dyffryn!'

Doedd gan Bwya ddim dewis ond gwrando ar faldorddi Satrapa am weddill y dydd. Gwnaeth yn union fel y gorchmynnodd hi. Galwodd ei filwyr a gorchymyn iddynt baratoi ar gyfer brwydr. Erbyn trannoeth roedd arfwisgoedd y milwyr yn sgleinio a'u ceffylau'n gweryru ac yn codi eu pennau'n uchel wrth i'r cyffro yn y gwersyll gynyddu. Roedd pob copa walltog yn benboeth eisiau lladd Dewi a'i ffrindiau.

Ond pan groesodd Bwya a'i filwyr y dyffryn at wersyll Dewi fe'u trawyd â

rhyw salwch rhyfedd. Gafaelodd cryd ynddynt. Yno y buont bob un yn crynu a chrynu mor ofnadwy, prin y gallent aros ar gefn eu ceffylau. Ni fedrent godi eu harfau i ymosod ar Dewi na'i ffrindiau. Y cwbl y medrai Bwya a'i filwyr ei wneud oedd gwatwar Dewi a gweiddi pethau cas arno o bell. O'r diwedd bu'n rhaid i Bwya a'i griw droi am adref.

Pan oeddynt yn teithio'n ôl drwy'r dyffryn rhedodd Satrapa i'w cyfarfod a'i gwynt yn ei dwrn. Roedd wedi cynhyrfu. Ymhell cyn cyrraedd Bwya, gwaeddodd arno'n orffwyll.

'Bwya! Bwya! Mae'r bugeiliaid yn dweud bod ein holl anifeiliaid ni wedi trigo.'

'Beth!'

'Y defaid a'r gwartheg, y stalwyni a'r cesig magu, yr ychen, popeth i gyd! Wedi marw a'u llygaid ar agor! Beth ddaw ohonon ni?'

Roedd Bwya'n crynu yn ei esgidiau. Roedd ei filwyr wedi eu taro â rhyw haint rhyfedd nes eu bod yn methu codi na bys na bawd, ac yn awr roedd ei stoc wedi ei difa ag un ergyd farwol.

'Mae'n rhaid mai gwaith y tresmaswr yn y dyffryn yw hyn,' meddai Bwya.

'O Bwya! Beth wnawn ni?'

'Does dim y gallwn ni ei wneud, oes e?' meddai Bwya. 'Mae'n rhaid fod ganddo bŵer goruwchnaturiol i fedru gwneud pethau fel hyn. Mae'n rhaid ei fod yn sant.'

'Ond os yw e'n sant does dim diben i ni sefyll yn ei erbyn.'

'Yn hollol,' meddai Bwya. 'Ildio Glyn Rhosin fyddai orau, cyn i ddim byd gwaeth ddigwydd i ni.'

Yn gwbl groes i'r graen, llusgodd y ddau eu ffordd yn ôl i wersyll Dewi. Ymddiheurodd Bwya am ddod â byddin yn ei erbyn, ac addawodd mai tir Dewi fyddai Glyn Rhosin o hynny ymlaen. Câi Dewi godi mynachlog yno, a byw yno mewn heddwch gyda'i ffrindiau am byth bythoedd. Ar ôl dyddiau Dewi câi ei ddilynwyr fyw yno wedyn hyd ebargofiant.

Roedd colli'r tir yn siom i Bwya, ond yn dawel fach roedd yn falch iddo osgoi tynged waeth. Ond wnaeth hynny mo'i atal rhag swnian a mwmian, a chwynfan a griddfan, bob cam adref.

Wrth ddod o fewn tafliad carreg i'r gaer ni allai Bwya na'i wraig gredu eu clustiau. Roedd y sŵn mwyaf annaearol yn dod o'r caeau o'u cwmpas. Roedd eu defaid a'u gwartheg, y stalwyni a'r cesig magu, yr ychen a phopeth i gyd, wedi codi'n fyw. Roeddynt yn brefu ac yn gweryru am y gorau.

A dim rhyfedd! Doedd neb wedi eu bwydo drwy'r dydd!

Y môr-leidr

Y môr-leidr

Cododd Satrapa ar un benelin yn y gwely. Roedd Bwya'n cysgu'n dawel yn ei hymyl, wedi troi a throsi am y rhan fwyaf o'r nos. Pwniodd Satrapa ef yn ei ysgwydd. Yn araf deg cododd Bwya un ael ddiog.

'Ie?' meddai Bwya yn wyliadwrus. Gwyddai fod ei wraig yn ddrwg ei hwyl. Gallai ddweud wrth y ffordd y sugnai ei dannedd. Gwyddai heb agor ei lygaid ei bod yn gwgu fel taran.

'Wedi dychryn oeddwn i ddoe,' meddai Satrapa. 'Dyna pam y cafodd y sant hanner-pan yna ei ffordd ei hun. Ond heddiw … '

'Beth am heddiw?' gofynnodd Bwya, a'i lygaid fel platiau cinio erbyn hyn.

'Fe fydd heddiw yn wahanol!'

Arhosodd Bwya i glywed mwy. Ond ddywedodd Satrapa ddim un gair arall. Taflodd ei choesau dros erchwyn y gwely a galw ar ei morynion. Ochneidiodd Bwya. Doedd wybod beth a wnâi'r merched unwaith y byddai ef wedi troi ei gefn. Efallai y byddai'n well iddo aros gartref drwy'r dydd i gadw llygad arnynt. 'Go brin y gwnâi ddim gwahaniaeth i'r wraig yna sydd gen i,' meddai Bwya wrtho'i hun. 'Ddim a hithau'n hisian drwy ei dannedd ar bawb o fewn cyrraedd.'

Roedd Satrapa wedi bod yn cynllunio drwy'r nos. Roedd wedi penderfynu ar dactegau. Ni châi neb sefyll yn ei ffordd.

'Ewch i lawr at yr afon lle mae'r sant a'r babis clwt yna'n gwersylla,' meddai Satrapa wrth ei morynion. 'Tynnwch eich dillad ac ewch i ymdrochi yn yr afon. Fydd y mynachod ddim yn gwybod ble i edrych! Gewch chi weld mai dianc am eu hoedl wnân nhw.'

Aeth y morynion i lawr at yr afon. Gwyliodd y mynachod hwy'n dod ar draws y dyffryn. Pan ddaethant o fewn clyw dechreuodd y merched weiddi pethau digywilydd. Gwridodd y mynachod nes bod eu clustiau'n llosgi. Pan neidiodd y merched i'r afon yn noeth lymun gorn, edrychodd y mynachod draw. Galwodd Teilo ar Dewi.

'Allwn ni ddim aros yma gyda'r merched dwl hyn,' meddai Teilo. 'Dere i ni gael mynd i fyw i fan arall.'

Gwenodd y merched wrth weld anhapusrwydd y mynachod, a wincio ar ei gilydd. Roedd cynllun Satrapa'n llwyddo!

Ond siom oedd i ddod. Roedd Dewi yn ddyn pwyllog. Nid oedd y merched wedi tarfu dim arno. Siaradodd yn dawel â'i ffrindiau. 'Peidiwch â chymryd eich trechu mor rhwydd gan eu drygioni nhw,' meddai Dewi. 'Byddai'n llawer gwell petai'r merched yn chwilio am gartref arall. Nhw ddylai fynd, nid ni.' Mewn ychydig eiriau roedd Dewi wedi perswadio ei ffrindiau i aros.

Drwy'r noson honno bu'r mynachod i gyd yn ymprydio. Dyna a wnâi mynachod pan fyddai angen help Duw arnynt i ddatrys problem, neu i ddod â gwaith da i ben – peidio bwyta. Credai Dewi fod hynny'n ffordd dda i ennill

caredigrwydd Duw, felly buont yn ymprydio drwy'r nos, ac yn gweddïo am help.

Draw yn yr hen gaer cafwyd noson aflonydd arall. Gwyddai Bwya fod gan ei wraig ryw gynllun ar droed, ond ni wyddai yn y byd beth ydoedd.

Drannoeth, wedi cael cefn Bwya, aeth Satrapa i chwilio am ei llysferch, Dunawd.

'Dere i hel cnau gyda fi,' meddai Satrapa.

'Syniad da!' atebodd Dunawd ac aeth y ddwy i lawr y llwybr o'r hen gaer, linc-di-lonc ar hyd llawr y dyffryn. Roedd yn brynhawn cynnes. Stelciodd y ddwy yn y llwyni cyll wrth lan afon Alun. Wedi casglu llond basged wellt o'r cnau gorau eisteddodd Satrapa ar garreg lefn, a'i thraed yn y dŵr.

'Dere i eistedd fan hyn,' meddai wrth Dunawd. 'Mae'r haul mor boeth.'

Gorweddodd Dunawd ar y gwair a gorffwyso ei phen yng nghôl Satrapa. Heb rybudd yn y byd cipiodd Satrapa gyllell o boced ei gwisg laes. Roedd ei llafn fel fflach o ddur. Cyllellodd wallt Dunawd a'i daflu'n dalpiau i ddŵr yr afon. Merch Bwya oedd Dunawd. Ond i'r derwyddon, roedd torri gwallt merch cystal â'i mabwysiadu. Merch Satrapa oedd Dunawd bellach. Ac os mai merch Satrapa oedd Dunawd, gallai Satrapa wneud fel y mynnai â hi.

Heb yn wybod i neb roedd Satrapa wedi addo i'w duwiau hi, y Siddi, y byddai'n lladd Dunawd yn aberth i'r duwiau paganaidd hyn. Â'r gyllell a'i llafn fel fflach, torrodd Satrapa ben y ferch. Y funud y trawodd ei gwaed y ddaear fe ymddangosodd ffynnon newydd yno, Ffynnon Dunawd, a'i dŵr mor loyw â chrisial.

Ffynnon! Dychrynodd Satrapa. Nid oedd wedi disgwyl hyn. Roedd yn amlwg fod rhywbeth rhyfedd yn digwydd. Ffynnon Dunawd yn tarddu bron cyn i Dunawd farw! Dihangodd Satrapa am ei bywyd, ac ni welodd neb byth mohoni wedyn.

Aeth Bwya i'w wely y noson honno yn isel iawn ei ysbryd. Ei ferch a'i wraig wedi diflannu. A ffynnon newydd, meddai'r milwyr, wedi ymddangos yn y llwyni cyll wrth lan yr afon. Roedd y byd i gyd wedi mynd o'i go.

Ond nid dyna'r cwbl. Gallai adar y glannau weld cwch yn dod yn araf tua'r tir. Gwyddel peryglus iawn oedd wrth y rhwyfau – gwallt at ei ysgwyddau ac yn ysu am ymladd â phawb a welai. Ei enw oedd Lisgi. Rhwyfodd y cwch i mewn i fae bach tawel. O'r dydd hwnnw ymlaen, galwyd y bae wrth yr enw Porthlisgi.

Môr-leidr oedd Lisgi ac roedd ar berwyl drwg. Clymodd ei ddynion y cwch yn ddiogel i ddarn o froc môr ar y traeth. Dringodd pob un y llwybr i ben y clogwyn, heibio i'r fynachlog wag, ac yn ei flaen i'r dyffryn cysgodol. Roedd golau yn yr hen gaer. Ymlaen â Lisgi a'i ddynion fel cathod duon drwy'r tywyllwch. Lwcus! Doedd neb yn gwylio porth y gaer. I mewn i'r cyntedd â nhw. Gwahanodd y dynion i bedwar ban y gaer. Caent ddalfa dda heno! Llond eu breichiau o drysorau!

Cripiodd Lisgi i fyny'r grisiau cerrig. Daeth i'r tŵr lle roedd Bwya'n cysgu. Roedd Bwya'n dechrau ymysgwyd yn ei wely. Cyn iddo ddeffro'n iawn torrodd Lisgi ei ben. Wedi dwyn popeth o werth yn yr hen gaer,

rhoddodd Lisgi ffagl
dân wrth waliau'r
cytiau pren nes bod
y lle'n wenfflam.
Llosgwyd yr adeiladau
i'r llawr.

Roedd Lisgi a'i
ddynion hanner ffordd
yn ôl i Iwerddon cyn
i neb wybod eu bod
wedi galw heibio.

Llond llwy de o wenwyn

Llond llwy de o wenwyn

Pwysodd Dewi ei fraich gyhyrog ar ei raw ac edrych dros y dyffryn. Powliai'r chwys o'i dalcen a rhedeg i lawr at ei ên. Sychodd y mynach blinedig ei wyneb yn ei habid. Gwaith caled iawn oedd agor ffos heb ddim ond caib a rhaw. Ond roedd Dewi wrth ei fodd. Sawl gwaith yr oedd wedi annog y mynachod i weithio'n galed? 'Os oes rhywun sy'n anfodlon gweithio, peidied â bwyta chwaith.' Dyna oedd ei bregeth yn yr eglwys neithiwr ddiwethaf yn y byd. Os oedd mynach yn disgwyl cael bwyd byddai'n rhaid iddo weithio'n galed yn gyntaf. Aredig, lladd gwair, malu'r grawn, bwydo'r moch, pedoli'r ceffylau … popeth! A dyna pam na châi neb yn y fynachlog friwsionyn o fwyd tan dri o'r gloch y pnawn.

Roedd mwy na digon o waith i bawb. Hen lol oedd y syniad diweddar o ddod ag ychen i aredig tir y fynachlog. Roedd mynachod cryf yn gallu gwneud y gwaith lawn cystal ag anifeiliaid. Gallai Dewi ei hun ei wneud! Edrychodd draw dros y dyffryn ar ddau o'r mynachod ifainc yn tynnu'r aradr. Agorai cwysi syth y tu cefn iddynt. Ond byddai'n rhaid aros tan yn hwyr y pnawn cyn hau'r hadau gwenith. Dyna pryd y byddai'r lleuad yn codi, ac roedd rhythmau'r lleuad yn help i'r hadau wreiddio'n gryf.

Gwyddai Dewi bopeth am fyd natur. Gwyddai pryd i dorri'r coed ar y llechweddau a sut i'w trin, er mai dim ond stympiau caled, cam oedd y rhan

fwyaf ohonynt. Gwyddai sut i dorri cerrig yn sgwâr a sut i godi wal gadarn na fyddai'n syrthio tan ddiwedd amser. Dewi a'i ffrindiau oedd wedi codi'r fynachlog garreg yr oeddynt yn byw ynddi. Dôi pobl o bell ac agos i'w gweld yno. Teithiai rhai dros fynyddoedd a chorsydd peryglus. Teithiai eraill dros y môr, ar drugaredd y gwyntoedd croes, a'r cerrynt croes, a'r stormydd a gurai'r glannau. Daethai rhai digon rhyfedd i'w gweld dros y blynyddoedd. Y teithiwr odiaf o'r cyfan i gyd oedd Sguthyn.

Ac fel hyn y bu hi.

Ymhell i ffwrdd yn Iwerddon, ym mynachlog Wecsfford yn y de, yr oedd ffrind i Dewi yn yr eglwys yn gweddïo. Noson cyn y Pasg oedd hi ac roedd Aeddan yn gweddïo ac yn paratoi ar gyfer y diwrnod pwysig oedd o'i flaen.

Daeth i'w feddwl yn sydyn fod rhywbeth mawr yn bod ym mynachlog Dewi yng Nglyn Rhosin. Brad! Dyna ydoedd. Roedd Dewi mewn perygl mawr. Doedd dim dwywaith am hynny. Ond pwy fyddai'n ddigon o sinach i wneud niwed i Dewi?

Cododd Aeddan oddi wrth yr allor yn ddigon sigledig. Byddai'n rhaid rhybuddio Dewi. A hynny ar unwaith. Doedd dim eiliad i'w cholli. Edrychodd Aeddan i lawr at y traeth. Dim llong na chwch yn unman. Beth a allai ei wneud? Pwy a allai ei anfon at Dewi?

'Does dim i'w wneud ond anfon un o'r mynachod i wylio'r traeth,' meddai Aeddan wrtho'i hun. 'Efallai y daw un o'r pysgotwyr â helfa i'r porthladd cyn

bo hir. Rwy'n siŵr y byddai'n fodlon mynd â mynach draw i Gymru.'

Galwodd ar Sguthyn. 'Cer i lawr at y môr i aros am y pysgotwyr. Rwyf am iti fynd i weld Dewi yng Nglyn Rhosin ar unwaith. Mae rhywun yn ceisio ei ladd. Dim ond ti sydd ar gael i fynd i'w rybuddio. Dim ond ti all arbed ei fywyd. Gwna dy orau drosto a phaid â methu.'

Brysiodd Sguthyn at lan y môr. Doedd dim golwg o gwch yn unman. Yn waeth na hynny, buan y sylweddolodd Sguthyn fod y gwynt yn chwythu i'r cyfeiriad anghywir hyd yn oed petai llynges yn glanio'r funud honno a bod ganddo ddewis o ddwsin o gychod i'w gario i Gymru.

Doedd dim amdani ond nofio. Clymodd Sguthyn ei wisg am ei ganol a chamu allan i'r môr. Llepiai'r môr am ei benliniau. Camodd allan eto. Cyffyrddodd ei droed ag anghenfil. I'r dim! Un o greaduriaid mwyaf y môr! Neidiodd Sguthyn ar ei gefn. Cariwyd ef dros y môr i Gymru mewn llai o amser nag y cymerai Aeddan i fwyta ei swper. Glaniodd yr anghenfil yn ddiogel ym Mhorth-clais.

Fore trannoeth, dringodd Sguthyn i fyny'r clogwyn, aeth heibio i'r hen fynachlog, ac ar ei union i'r dyffryn tawel lle roedd y mynachod yn dathlu'r Pasg. Fel yr oedd Dewi'n dod allan o'r eglwys ar ôl cymun y Pasg, gwelodd Sguthyn yn dod i'w gyfarfod. Dyma Basg llawen fyddai hwn! Un o fynachod Aeddan, ei hen ffrind, wedi dod i roi tro amdano. Cofleidiodd Sguthyn, a'i groesawu'n gynnes.

Ond pan glywodd Dewi pam yr oedd Sguthyn wedi dod i'w weld, aeth yn dawel iawn. Diolchodd i Dduw am ei rybuddio o'r hyn oedd ar fin digwydd.

49

Yn union ar ôl gwasanaethau'r Pasg yr oedd gwledd i'w chynnal yn y fynachlog. Mae'n rhaid fod rhywun am ei wenwyno.

Erbyn meddwl, roedd sawl un o'r mynachod wedi cwyno'n ddiweddar fod Dewi yn rhy galed arnynt. Cwyno eu bod yn gorfod gwneud gwaith anifeiliaid. Tuchan eu bod yn gorfod gweddïo ar eu penliniau ar garreg oer, weithiau am dair awr, nes bod eu coesau wedi cyffio a'r gwaed yn methu cyrraedd eu traed. Grwgnach bod yn rhaid ufuddhau i orchmynion Dewi bron cyn iddo orffen eu rhoi nhw. Hyd yn oed petai mynach ar ganol darllen blaen llythyren gyntaf gair byddai'n rhaid iddo godi'n syth bin ac ufuddhau i Dewi. A chael dim byd gwell na bara a letus am ei drafferth. Roedd mwy nag un wedi cael mwy na digon.

Tri, a dweud y gwir. Roedd y stiward, y cogydd a'r diacon wedi cael llond bol. Penderfynodd y tri y byddent yn dial ar Dewi. Syniad y stiward oedd y cyfan. Y stiward oedd pennaeth cegin y fynachlog. Ei waith ef oedd penderfynu beth oedd pawb yn ei fwyta. Roedd y stiward yn ffrindiau mawr â'r cogydd, a chynlluniodd y ddau i roi gwenwyn ym mara Dewi. Llond llwy de o wenwyn. Bob dydd fe eisteddai Dewi yn yr un man wrth y bwrdd bwyd, yn yr un gadair. Byddai'n ddigon hawdd rhoi bara drwg ar ei blât.

Ond roedd un mynach barus yn y fynachlog. Doedd dim digon o fwyd wedi ei greu iddo ef. Os oedd un darn o fara ar ôl ar y plât pren ar ganol y bwrdd, gallech fod yn siŵr y byddai ef bob amser yn cipio'r darn olaf o dan drwyn pawb ac yn ei gnoi'n awchus nes bod ei wyneb yn bochio. Beth petai Dewi yn gadael

darn o'r bara gwenwynig, a'r mynach barus yn ei gipio? Na, byddai'n well i'r diacon rannu'r bara i bawb fesul un. Gallai gynnig y bara drwg i Dewi, a chynnig bara glân i bawb arall. Ac felly y cytunwyd.

Wedi i bawb eistedd wrth y bwrdd a dweud gras bwyd, cododd y diacon a dod i wasanaethu Dewi. Roedd y bara gwenwynig yn ei law.

Cododd Sguthyn hefyd. 'Fi sy'n gweini ar Dewi heddiw,' meddai Sguthyn. 'Cer di i eistedd a mwynhau'r wledd.'

Cymerodd Dewi y dorth wenwynig a'i bendithio. Rhannodd hi'n dair. Rhoddodd y darn cyntaf i'r ci oedd yn sniffian y tu allan i'r drws. Yr eiliad hwnnw bu farw'r ci. Syrthiodd ei flew i gyd ar y llawr, ei groen i gyd ar y ddaear, a'i berfedd i gyd ar stepen y drws.

Rhoddodd Dewi yr ail ddarn o fara i frân oedd yn eistedd ar ei nyth mewn coeden onnen. Yr eiliad y pigodd y frân y dorth fe syrthiodd oddi ar y gangen i'r llawr, yn farw gelain.

Yr oedd un darn ar ôl. Cododd Dewi ef yn ei ddwylo a'i fendithio. Cododd ef at ei wefusau. Edrychodd y mynachod i gyd arno yn llawn braw. Bwytaodd Dewi bob briwsionyn. Gallech glywed pin yn disgyn. Roedd pawb yn ofni tynnu ei lygaid oddi arno rhag i rywbeth ofnadwy ddigwydd. Dyna lle buont am bron i dair awr yn ei wylio, ac yn disgwyl iddo syrthio'n farw.

Ond ddigwyddodd dim byd. Dim byd o gwbl. Aeth Dewi i'w wely'n gynnar y noson honno, wedi blino'n lân ar ôl yr holl gyffro.

Torth a mêl í de

Torth a mêl i de

Yr oedd pethau wedi gwella'n arw yng nghegin Glyn Rhosin ar ôl i'r cogydd orfod hel ei bac ac i fynach newydd gymryd ei le. Gwyddel oedd hwn, o'r enw Myddyfnog, ond M yr oedd pawb yn ei alw.

Doedd mo'i debyg am bwdin mwyar duon. Bob hydref roedd cloddiau Glyn Rhosin yn berwi o fwyar, rhai yn hen aeddfed a'r lleill yn dal yn fach ac yn galed. Anfonai M rywun i'w casglu'n ffres bob bore. Daliai M ambell fynach yn dod yn ôl a'i ddwylo a'i wefusau'n biws, ond ni ddywedai ddim byd am hynny wrth neb.

Weithiau daliai M aderyn tew yn clwydo ar un o'r coed isel. Byddai wedi ei bluo a'i rostio cyn canol y pnawn. Ar un o'r dyddiau hynny byddai'n rhaid cynnau tân a'i gadw'n fyw am oriau. Coginiai M bob aderyn nes bod ei goesau'n syrthio oddi wrth ei gorff, a nes bod aroglau saets yn treiddio i bob cornel o'r gegin fawr. Doedd dim syndod fod y mynachod yn hoffi dydd Llun a dydd Iau yn well na'r dyddiau eraill. Roedd gobaith cael cig a gwres tân ar y dyddiau hynny, gan nad oeddynt fel arfer yn ddyddiau ymprydio. Y drafferth oedd fod cosb am fynd i'r gegin i fwyta pan nad oedd yn adeg pryd bwyd – ac roedd arogl y cig yn tynnu dŵr o ddannedd. Roedd hi'n anodd bod yn fynach da drwy'r amser.

Hoff bleser M oedd cadw gwenyn.
Yr oedd nythaid o wenyn yng ngardd y
fynachlog. Yno caent heddwch i sugno
neithdar o'r blodau a chynhyrchu mêl
yn y cwch gwenyn. Roedd M yn ei
elfen yn gwrando grŵn y gwenyn wrth
iddo gasglu rhosmari o'r ardd at amser
te. M oedd y gorau am gasglu'r mêl
o'r cwch a'i dywallt i'r powliau pridd.
Byddai angen y mêl arno i roi maeth i'r
mynachod pan fyddai ffrwythau'n brin,
a'r adar i gyd wedi hen adael y dyffryn.

Gallai M wneud diod hyfryd o'r mêl.
Medd oedd ei enw ar y ddiod honno.
Tasg anodd iawn oedd gwneud diod
fedd. Byddai M yn hidlo'r trwyth yn dda
rhag i neb gwyno bod ganddo ben fel
brwsh yn y bore. Dyna ddrwg medd. Un
diferyn yn ormod a byddai'n draed moch.

Bob diwedd haf casglai M y cwyr
o'r cwch gwenyn a gwneud canhwyllau

ohono. Canhwyllau tew a hoffai M. Canhwyllau ar gyfer yr allor. Yn aml yn ystod y cymun, neu pan ddylai fod yn darllen salmau, hoffai M wylio'r fflam yn chwarae. Gwyliai'r tafod tân yn gwegian pan ddeuai drafft sydyn o dan y drws. A'r funud nesaf byddai'n sbowtian golau aur dros y groes.

Un diwrnod, yn ogystal â'i holl waith arall, penderfynodd M y byddai'n treulio peth amser yn gweithio gyda'i ffrindiau. Roeddynt yn brysur iawn yn creu ffordd drol newydd at ddrws y fynachlog. Byddai'n llawer mwy cyfleus na'r hen un, yn enwedig a chymaint o ymwelwyr yn cario bageidiau o bethau i'r fynachlog – Sul, gŵyl a gwaith.

Palodd M a'i ffrindiau sail lydan i'r ffordd. Safodd Tegfael, un o'r mynachod ifainc, a'i bwys ar ei gaib am eiliad, yn barod i frolio'r gwaith.

'Dere, Tegfael! Paid â diogi!' meddai M. 'Wnaiff y gwaith mò'i orffen ei hun.'

'Diogi? Ti'n meddwl 'mod i'n ddiog? Wel dwyt tithe ddim yn angel chwaith.'

'Gan bwyll, Tegfael,' meddai M.

''Sdim digon 'da ti ar dy blât rhwng y gegin a'r gwenyn a'r gweddïo yna i gyd, heb ddod yma i ddweud wrthon ni sut i godi ffordd?' gwaeddodd Tegfael, wedi ei gythruddo.

Stwc o ddyn oedd Tegfael ond roedd ganddo fôn braich gref. Roedd mor grac nes iddo godi ei gaib yn barod i daro M ar wastad ei gefn. Gwelodd Dewi bopeth o ffenest y fynachlog. Cyn i bethau fynd dros ben llestri'n llwyr gwnaeth

arwydd â'i law, ac yn y fan fe grebachodd llaw Tegfael, a mynd yn denau denau.

Yr oedd wedi gwylltio nes bron â throi'n llofrudd! Bu hynny'n wers i bawb. Roedd yn ddrwg calon gan M ei fod wedi mynd allan i weithio ar y ffordd y diwrnod hwnnw. O hynny ymlaen cadwodd ei draed dan do, a dim ond mynd am dro o gwmpas yr ardd am awyr iach. Cyn hir teimlai hiraeth mawr am dir agored Iwerddon. Aeth at Dewi un diwrnod i ddweud wrtho am ei ofid.

'Yn hwyr neu'n hwyrach mae'r amser yn dod i bawb fynd adref i'w wlad ei hun,' meddai Dewi yn garedig. 'Dyma dy amser di. Dos mewn heddwch!'

Casglodd M lond ysgrepan o fwyd, a hebryngodd y mynachod ef i lawr i waelod y ffordd drol newydd. Aeth M yn ei flaen ar ei ben ei hun at y cwch oedd i fynd ag ef yn ôl i Iwerddon. Wrth iddo gyrraedd traeth Porth-clais clywodd sŵn hymian y tu ôl iddo. Grŵn gwenyn! Roedd y gwenyn wedi heidio ac wedi dod i lawr at y cwch i ddweud hwyl fawr wrtho. Dringodd M i'r cwch, a dilynodd y gwenyn ef.

Dyma benbleth! Ni wyddai M beth i'w wneud. Ni allai fynd â'r gwenyn ar y cwch i Iwerddon neu fyddai dim mêl na medd gan Dewi. Byddai'n rhaid perswadio'r gwenyn i fynd yn ôl i ardd y fynachlog. Cododd M o'r cwch a cherdded yn ei ôl. Dilynodd y gwenyn ef bob cam. Wedi eu setlo yn y cwch gwenyn cychwynnodd M eto tua'r traeth, ond doedd dim llonydd i'w gael. Heidiodd y gwenyn am yr eildro. Am yr eildro aeth M â hwy'n ôl i ardd y fynachlog. Bob tro yr âi M ymhellach na phen y llwybr newydd, dilynai'r gwenyn ef.

Yn ei benbleth aeth M at Dewi i gael cyngor.

'Paid ag edrych mor euog,' meddai Dewi a'i lygaid
yn dawnsio. 'Cer â hwy gyda thi! Mae'r ardd yn llawn
blodau. Fe fyddan nhw'n siŵr o ddenu haid arall yma.'

Trodd Dewi at y nythaid
gwenyn a'u bendithio. Y tro hwn aeth
M yr holl ffordd i lawr at y traeth, neidio
i'r cwch, a hwylio draw i Iwerddon a'i wenyn
ffyddlon gydag ef.

A dyna'r tro cyntaf erioed i wenyn gael
eu gweld yn yr Ynys Werdd, a'r tro cyntaf
i fynachod Iwerddon gael
bara a mêl i de.

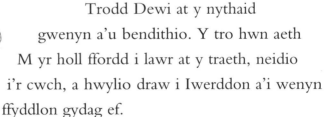

Cyfrinach y blwch

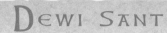
Cyfrinach y blwch

Yr oedd y nos yn cau amdanynt. Lapiai'r gwyll yn blanced gynnes-lwyd o'u cwmpas. Gorweddai Dewi ar ei gefn yn edrych ar y sêr. Rhyfeddol! Yn ei ymyl yr oedd Teilo a Padarn yn chwyrnu'n ysgafn. Yr oedd sigl y môr yn dal yn eu gwaed ac wedi eu suo i gysgu.

O'r diwedd! meddyliodd Dewi.

Yr oedd Dewi wedi breuddwydio llawer am y dydd hwn. Ers blynyddoedd roedd wedi dyheu amdano. O'r diwedd yr oedd Dewi wedi croesi'r Sianel ac yn cysgu'r nos ar dir Gâl. Roedd ar ei ffordd i Jerwsalem, i wlad Iesu. O'r diwedd câi weld Eglwys y Beddrod Sanctaidd lle cafodd Iesu ei gladdu, a'i atgyfodi. O'r diwedd câi brofi cymaint yr oedd yn caru Iesu drwy gerdded bob cam i weld ei fedd.

Câi wisgo palmwydden wedyn, bathodyn bach ar ffurf dail palmwydd. Câi pererin a deithiodd i Sbaen, i weld bedd Sant Iago yn Santiago de Compostela, wisgo bathodyn siâp cragen ar ei het, ond dim ond pererin oedd wedi bod yn Jerwsalem yn sefyll wrth fedd Iesu a gâi wisgo palmwydden. Brysied y dydd!

Ond yr oedd siwrnai hir a pheryglus o'i flaen. Cwsg piau hi! Caeodd Dewi ei lygaid a breuddwydio eto am y Ddinas Sanctaidd.

Fore trannoeth, fel yr oedd Dewi, Teilo a Padarn yn codi o'u gweddïau,

daeth lleisiau cras i'w clyw. Cwmni arall o bererinion! Tybed i ble yr oeddynt hwy yn teithio?

'Ar y ffordd i Jerwsalem ydych chi, ffrindiau?' holodd Dewi.

'Rhai i Jerwsalem, a rhai i Rufain i weld bedd Sant Pedr a bedd Sant Paul,' gwaeddodd un o'r fintai. 'A thra byddwn ni yn Jerwsalem, gobeithio y gwelwn ni fwrdd y Swper Olaf hefyd, a'r lliain a wisgai Iesu yn y bedd. Gallwn deithio gyda'n gilydd am beth o'r ffordd, os hoffech chi.'

'Ardderchog,' cytunodd Dewi. 'Rhai o ble ydych chi?' Roedd wedi sylwi ar rywbeth od iawn yn digwydd tua chefn y fintai. Tybed pwy oedd y bobl hyn?

'O, Galiaid ydyn ni. Fi yw Bernard. Un o ddynion Pierre. Pierre Ddu.'

Powliai Bernard gert fach o'i flaen, a bocs wedi ei gerfio'n ysblennydd yn eistedd yn dwt ar ei chanol. Ni allai Dewi dynnu ei lygaid oddi ar y blwch hardd. Craffodd eto. Roedd lluniau ar y blwch. Un yn wych iawn. Llun o filwr yn cydio mewn bwyell ac yn llithro ei llafn drwy wddf dyn tal a safai yn ei ymyl. Simsanai'r pen, ar fin colli ei falans a syrthio'n glewt i'r llawr.

'Beth sydd gen ti yn y blwch?' holodd Dewi. Ofnai glywed yr ateb. Doedd y dyn dwl erioed yn powlio penglog i Jerwsalem!

'A-A-AW!' Daeth sgrech o gefn y fintai.

'Beth oedd hynna?' gofynnodd Dewi. 'Oes rhywun mewn trafferthion? Mewn poen?'

'O, dim ond Pierre Ddu,' meddai Bernard yn ddidaro.

'Beth sy'n bod arno?
Dywed wrtha i.' Mynnai Dewi
gael gwybod.

'Cer i weld, os wyt ti mor fusneslyd,' meddai
Bernard. 'Rwyf i wedi hen flino dweud ei hanes.'

Symudodd Dewi yn ôl i gefn y fintai. Dyna lle roedd Pierre Ddu yn
brwydro'i ffordd ymlaen am Jerwsalem a thri mynach yn ei guro â changhennau.

'Derbyn fi, O Dduw! Maddau i'r dyn gwael, Pierre Ddu!' hanner gwaeddai,
hanner griddfanai Pierre Ddu, yn floesg gan boen.

'Maddau beth, Pierre? Beth wyt ti wedi ei wneud i haeddu hyn?' holodd Dewi.

Rhoddodd y mynachod eu canghennau i lawr. Syrthiodd Pierre Ddu ar y glaswellt a magu ei glwyfau.

'Rwy'n teithio i Jerwsalem … er mwyn cael maddeuant … am fy mhechodau.' Pesychodd Pierre Ddu nes codi gwaed.

'Cymer bwyll, Pierre,' meddai Dewi gan benlinio yn ei ymyl i gynnal ei ben. Toc, daeth Pierre ato'i hun a gorffen ei stori.

'Rwyf wedi gwneud rhywbeth dychrynllyd,' meddai. 'Lleddais fy mab i'w rwystro rhag dwyn fy nheyrnas. Wedyn fe leddais fy ngwraig. Rhwygo'i phen oddi ar ei hysgwyddau.' Brwydrodd Pierre am ei anadl. 'Roedd hi'n bygwth rhoi dagr drwy fy nghalon am imi ladd ein mab hynaf. Welaf i ddim bai arni, cofia. Aeth amser heibio, a nawr rwy'n hen ac yn llesg. Pan es i'n dost fe drois at y mynachod am help. Maen nhw'n dweud bod yn rhaid imi gerdded bob cam i Jerwsalem fel penyd, a dweud fy stori wrth bawb sy'n holi. Byddaf yn siŵr o gael maddeuant, medd y mynachod, dim ond i mi gyrraedd Jerwsalem, ac rwy'n siŵr o gael iachâd i'r clwyfau hyn yn un o'r ffynhonnau sanctaidd yno.'

'Mae Duw yn ddigon tirion i faddau iti gartref yn dy lys. Does dim angen iti fynd yr holl ffordd i Jerwsalem, a thithau'n hen ŵr,' meddai Dewi.

'Efallai'n wir, ond fe fyddwn i'n teimlo'n well o lawer petawn i'n mynd. Diolch iti am fod mor garedig, 'run fath yn union.'

'Bendith arnat ti,' meddai Dewi'n drist.

Pam oedd pobl mor ofergoelus? Â cham cyflym, gwnaeth Dewi ei ffordd i flaen y dorf.

'Bernard!'

'O, ti sydd yna. Wedi gorffen holi a stilio, rwy'n gweld. Gefaist ti wybod popeth oeddet ti am gael ei wybod?'

'Gormod o lawer, ddywedwn i. Rhai rhyfedd yw pobl.'

'A nawr rwyt ti wedi dod i ffureta yn fy nghert i, wyt ti?'

'Efallai y caf i weld rhagor o ryfeddodau.'

'Wel iawn, mistar-gwybod-popeth.' Rhoddodd Bernard y gert i lawr. Sgwariodd ei ysgwyddau a phlethodd ei freichiau. 'Beth sydd yn y blwch yma? Fyddi di ddim yn hapus nes cei di wybod.' Daeth Bernard â'i wyneb i wyneb Dewi nes eu bod drwyn yn drwyn. 'Dyfala!'

'Penglog,' meddai Dewi.

'Ar ei ben!' meddai Bernard. 'Ond sut gwyddet ti?'

Anwybyddodd Dewi ei gwestiwn. 'Penglog pwy?' holodd fel bwled.

'Gwraig Pierre Ddu,' meddai Bernard. 'Mae Pierre yn credu os daw hi,' a nodiodd at weddillion gwraig Pierre, 'gyda ni y caiff ef faddeuant gwerth chweil. Mae'n mynd i gadw'r benglog fel mae'r mynachod yn cadw creiriau – wyddost ti, cadw darn o gorff rhywun pwysig i ddod â lwc.'

'Dim ond ffyliaid sy'n credu hynny!' meddai Dewi mewn braw.

'Paid ag edrych arna i,' meddai Bernard. 'Does a wnelo hyn ddim byd â fi.

Dim ond gyrru'r gert ydw i.' Winciodd ar Dewi. 'A mwynhau'r olygfa!'

'Rhai rhyfedd yw pobl, rhai rhyfedd iawn,' meddai Dewi wrtho'i hun. Edrychodd o'i gwmpas i chwilio am Teilo a Padarn. Gallai eu gweld yn gweddïo. Roedd cymaint i weddïo yn ei gylch. Teimlai Dewi yn fach iawn weithiau.

GRR–RR–R!!

GRR-RR-R!!

Llyfodd Teilo ei arddwrn yn awchus. Mm-m-m. Blasus iawn. Rhedai'r sudd fel afon dros ei ddwylo. Beth oedd enw'r ffrwyth hwn eto? Melon! Doedd dim byd tebyg iddo i'w gael yng Nghymru. Dim byd tebyg. Roedd yn werth dod yr holl ffordd i Balesteina, i wlad Iesu, petai ddim ond i flasu melon. Croen gwyrdd. Hadau gwinau. Cnawd coch. A môr o sudd. Hyfryd!

Y gwir amdani oedd y byddai Teilo wedi llowcio beth bynnag a roddid ar ei blât, roedd mor llwglyd. A sychedig? Peidiwch â sôn. Roedd ei dafod yn grimp. Rhwng yr haul crasboeth a'r ffordd lychlyd, ddi-ben-draw, teimlai Teilo mor llipa â llo. Roedd wedi blino ym mhob un o'i esgyrn. Pe na byddai'r mynachod wedi sefydlu hosteli daith diwrnod oddi wrth ei gilydd ar hyd y ffordd, byddai wedi bod ar ben ar Teilo i weld Jerwsalem.

Hosteli da oedden nhw hefyd, yn llawn croeso, yn llawn straeon min nos, ac yn cynnig llond bol o fwyd i deithwyr blinedig. Melon aeth â bryd Teilo. Caws gwyn aeth â bryd Padarn. Ac wrth gwrs, bara aeth â bryd Dewi. Bara crwn, tenau, yn union fel plât. Llwythodd Padarn lwmpyn mawr o gaws, wy estrys, cnau pistasio, cnau almwn, pomgranad chwerw-felys, a choes cyw iâr ar ei blât o fara, a bwyta pob sgrapyn – plât a chwbl.

Dros swper daeth Dewi yn ffrind â merch o'r enw Salome. Dangosodd

Salome slabyn o garreg ddu i Dewi, a llun wedi ei naddu'n gain arni. Llun ci a llewpard yn ymladd oedd y llun ar y garreg.

'Anrheg gan fy ngŵr,' meddai Salome. 'Joash oedd ei enw. Saer maen yn arbenigo ar naddu'r garreg ddu. Mae'n garreg galed iawn, bron yn amhosibl ei gweithio.'

Llygadodd Dewi yr anrheg gain. 'Penigamp!' meddai. O dan ei frwdfrydedd mawr roedd Dewi bron â syrthio o eisiau cysgu. Roedd ei lygaid yn llosgi'n boeth. Wrth eu rhwbio gallai Dewi deimlo'r graean yn crensian dan y caeadau.

'Dewi, ti'n hanner cysgu! A minnau'n siarad fel melin glap!'

'Nac ydw ddim. Rwy mor effro â'r gog.' Doedd wiw iddo gyfaddef ei flinder. Gwaith mynach oedd cysuro, nid diflasu pawb â'i gŵynion. 'Petawn i'n un o'r dynion gwyllt hynny oedd yn byw mewn ogof ers talwm,' meddai Dewi yn sionc, 'fe fyddwn i mas fan'na yn clatsio mamothiaid â changen coeden y funud hon. Dywed dy stori.'

'Dydd Sadwrn oedd hi. Bu rhyw deimlad rhyfedd i'r dydd ers y bore cyntaf. Doeddwn i ddim wedi bod yn hapus ers imi glywed am y babi gafodd ei eni a thair clust ganddo. Dim ond un peth allai hynny ei olygu. Bod y duwiau yn anesmwyth.'

'Dim ond un Duw sydd, Salome.'

'Rwy'n gwybod hynny nawr, ond dweud wyf fi sut oedd pethau imi. Roedd llond y mynydd o dduwiau yn edrych i lawr arnon ni, a phob un yn anniddig.

Dyna sut y teimlai hi.'

'A beth ddigwyddodd ar y dydd Sadwrn yma?' Yn foneddigaidd, ond yn benderfynol, pwysodd Dewi ymlaen at Salome. Yn sydyn iawn daeth awydd crio drosti. Llyncodd Salome ei phoer ddwywaith neu dair. Roedd lwmp fel hedyn melon yn ei chorn gwddf, ac nid oedd symud arno.

'Roedd gen i bedwar o blant. Y rhai gorau yn y byd,' meddai Salome. 'Roedden nhw wedi gorffen eu tasgau am y dydd. Hiram yn y crochendy yn y pentref, yn gweithio ar jwg bridd i ddal olew. Roedd mor falch ohoni! Saph yng ngweithdy'r saer, Hadad mas yn hela, a Cuw newydd orffen naddu crib o garn camel.'

'Maen nhw i gyd yn tynnu ar ôl eu tad, mae'n amlwg,' meddai Dewi. 'Pob un yn grefftwr da.'

'Roedden nhw i gyd yn grefftwyr gwych. Ond y noson honno, ar ôl i bawb fynd i'w wely, fe ddigwyddodd rhywbeth dychrynllyd. Gyntaf fe glywson ni sŵn. Sŵn anifail gwyllt.'

'Ond rwyt ti wedi hen arfer ag anifeiliaid rheibus,' meddai Dewi. 'Eirth yn y mynyddoedd. Llewpardiaid! Mwncïod gwyllt, hyd yn oed!'

'Ydw, siŵr. Ond nid sŵn pell oedd hwn. Sŵn agos. Sŵn y tu allan i wal y tŷ. Sŵn rhywbeth yn chwyrnu'n isel. Wedyn sŵn pawennau trwm yn pwyo'r llawr.'

'GRR–RR–R!!'

Taflwyd y drws ar agor. Hyrddiodd llewpard mileinig ei ffordd i mewn.

Neidiodd ar y pedwar mab. Llarpiodd hwy yn eu gwely. Sgrechiodd Salome. Cyfarthodd y ci. Trodd y llewpard arno a'i ddarnu yn bedwar aelod a phen.

'GRR–RR–R!!'

Tuthiodd y llewpard yn ôl allan i'r nos.

Yn ei chyffro i ddweud yr hanes, collodd Salome ei gwin dros ei chôl. Neidiodd ar ei thraed. Ceisiodd sychu ei ffrog â'i hances, a rhoi trefn arni hi ei hun. Roedd yn fodiau ac yn ddagrau i gyd.

'Dere di,' meddai Dewi.

'A dim ond cenau llewpard oedd e! Babi!' Wylodd Salome ddagrau hallt.

'Dere di. Mae'n ddigon i dorri calon neb. Colli'r pedwar mab gorau yn y byd. A dyna pam rwyt ti'n mynd i Jerwsalem?'

'I ddiolch i Dduw amdanynt. Ac i weld lle bu farw ei fab Ef, Iesu. Fe fydda i'n teimlo'n well wedyn. Rwy'n teimlo'n well nawr!'

Cydiodd Salome yn llaw Dewi a rhoi cusan iddo ar ei foch. 'Diolch iti, Dewi. Diolch iti!' Gwenodd Dewi am y tro cyntaf y diwrnod hwnnw. Roedd ei fochau'n goch fel tân. Yn ei swildod newydd roedd wedi hen anghofio am y llwch a'r gwres a'r blinder.

Ond bore fory ddeuai. Cymal olaf ei daith hir i Jerwsalem. Un noson o gwsg, taith hanner diwrnod, a byddai yn y Ddinas Sanctaidd.

Cysgodd Dewi fel carreg drwy'r nos. Pan gododd yn y bore roedd Salome wedi hen gychwyn am Jerwsalem. Yr oedd yn nes at ganol dydd arno ef a Teilo

a Padarn yn cyrraedd yno.

Dryswch o strydoedd culion oedd Jerwsalem. Codai'r adeiladau yn dyrau uchel gan daflu cysgodion braf i'r stryd oddi tanynt. Byrlymodd calon Dewi wrth i'w wisg sgubo heibio i'r basgedi gwiail ar stondin yn y basâr.

'Palmwydden, syr? Palmwydden ar dy frest?' gwaeddodd un o'r marsiandïwyr yn groch. Derbyniodd Dewi'r bathodyn a'i galon yn eirias. 'Bendith arnat ti,' meddai Dewi. 'Pa ffordd mae mynd at Eglwys y Beddrod Sanctaidd?'

'Ar dy union ffordd hyn. Fedri di mo'i methu.'

Ymlaen â'r tri ffrind drwy sŵn y farchnad, heibio i fyrdd o stondinau, drwy'r aroglau sbeis oedd yn dew drwy'r awyr. Mewn hen ardd bersawrus y tu allan i Jerwsalem yr oedd bedd benthyg Iesu. Cerddodd y tri ffrind i mewn i'r bedd yn y graig. Roedd silff yno i roi corff Iesu i orwedd, a charreg fawr ar gyfer selio'r fynedfa i'r bedd. Edrychodd y tri ar ei gilydd a gwenu. Y funud honno canodd y clychau drwy ddinas Jerwsalem. Roedd yn dri o'r gloch y pnawn. Adeg cofio marwolaeth Iesu.

'Crist a fu farw,' meddai Teilo.

'Crist a gyfododd,' meddai Padarn.

'Crist a ddaw drachefn,' meddai Dewi.

'Bendigedig fyddo enw yr Arglwydd!'

y senedd swnllyd

Y senedd swnllyd

Codai sŵn y siarad fel gwlân cotwm gwyn i awel oer y bore. Siarad, siarad, siarad. Ni chlywsai un dyn byw erioed gymaint o siarad.

Roedd yno frenhinoedd yn eu gwisgoedd llin a'u mentyll croen arth yn brolio campau eu milwyr. Brolio sut oedd un wedi tynnu picell gelyn o'i goes a'i thaflu'n ôl ato heb ddioddef dim byd gwaeth na chric yn ei gyhyr. Brolio sut oedd y llall wedi ymosod ar un o'r Gwyddelod gwyllt a hoelio'i groen ar bared y gegin. Doedd dim taw arnynt.

Nesaf at y brenhinoedd fe safai'r tywysogion ifainc yn eu hesgidiau croen neidr yn hel clecs am y merched oedd yn eu ffansïo.

'Gwenfair a'i llygad arnat ti? Paid â siarad dwli. Mae mor amlwg â mwd ar farch gwyn mai dim ond y Tywysog Maelgwn sydd ar ei meddwl hi. Petai hi rywfaint haws. Fyddai ef ddim yn sylwi petai ei ben ôl ar dân.'

Roedd ambell ben o wallt coch cyrliog ymysg yr ieirll a'r barwniaid a safai gerllaw, a phob un a thafod coch ganddo – bron at ei fol, yn ôl trwst y siarad. Prisiau'r farchnad a'u denai hwy, a syms anodd fel 'Faint o wartheg mae cwpan aur yn ei gostio?' a 'Pa mor hir yw llathen teiliwr?'

'Gofyn i Brychan! Mae llathen Brychan yr un hyd bob amser! Dyn gonest yw Brychan.'

'Dyn gonest, myn cebyst i! Twyllwr yw e! Fe fyddai'n haws gen i drystio neidr na'i drystio fe! Mae'n deffro bob bore yn ysu am ddod o hyd i ddyn dall i'w dwyllo!'

Safai'r clerigwyr yn glwstwr bach ar wahân yn eu gwisgoedd garw a'u sandalau croen mochyn. Pobl dduwiol oedd y clerigwyr ond gallent siarad cystal â neb. Proffwydo'r dyfodol oedd ar eu meddwl hwy. Eu gobaith oedd y byddai'r holl bobl hyn (gormod o bobl i neb fedru eu cyfrif) yn medru trefnu bywyd crefyddol Cymru, unwaith ac am byth.

Roedd llawer iawn i'w drefnu. Ar ôl y pla, y Fad Felen, roedd cannoedd os nad miloedd o Gymry wedi marw – ffermwyr gan mwyaf. Yn eu plith bu farw cannoedd o fynachod da, ac arweinwyr eglwysig. Heb arweinwyr cryf roedd bywyd y mynachod wedi mynd yn ddigon simsan. Cweryla, a chwarae gêmau yng ngolau'r tân, oedd eu byd bellach. Ac roedd hen arfer annifyr o boeri i ganol y fflamau gan ambell un. Dyna pam yr oedd y dyrfa wedi cyfarfod, yng nghanol bryniau braf Cymru, ar y bore oer hwnnw.

Canodd cloch enfawr dros y wlad. Aeth ias o gyffro i lawr drwy ganol y fintai. Roedd Senedd Llanddewibrefi yn y flwyddyn 569 ar fin dechrau.

Penodi prif fynach Ynys Prydain oedd gyntaf ar y rhaglen. Tipyn o dasg! Pwy bynnag o'r mynachod a allai bregethu fel y clywai'r dorf gyfan ef, hwnnw fyddai arweinydd eglwysi Ynys Prydain. Dechreuodd un mynach ar ôl y llall bregethu yn ei lais gorau. Rhuodd un fel llew. Mewiodd y nesaf fel cath. Sibrydodd y trydydd fel llygoden fach denau, a berwodd y pedwerydd drwy

ei bregeth a'i lais fel eos. Un ar ôl y llall, drwy'r bore. Pa un fyddai'n cario'r dydd?

Doedd neb eisiau bod y cyntaf i ddweud. O'r diwedd dyma un o'r bobl gyffredin yn galw allan, 'Rydych chi i gyd wedi gwastraffu eich amser. Rydych chi wedi gweithio'n galed i ddim byd. Dyw un o bob cant o'r dyrfa hon ddim wedi clywed gair o'ch pregethau chi!'

'Ddim hyd yn oed un o bob mil!' ategodd un arall. Aeth y cwbwl yn ffradach. Dechreuodd pawb ddadlau â'i gilydd ac ni fu dim trefn wedyn am oriau.

Gydag amser daeth yn amlwg na fedrai neb bregethu i dyrfa mor enfawr heb help Duw. Byddai'n rhaid i Dduw gryfhau llais unrhyw un oedd yn gobeithio pregethu i filoedd ar filoedd o bobl. Meddyliodd pawb yn galed. A oedd rhywun y gwyddent amdano a allai daflu ei lais i gefn y dyrfa? Nac oedd, neb. Fyddai sŵn trwmped ddim yn ddigon cryf i gario i glyw y pellaf i ffwrdd, heb sôn am lais cyffredin.

Yna fe atebodd Peulin, hen hen

fynach a edrychai fel arth fawr flewog yn ei wisg frown a'i farf laes, arth flewog annwyl iawn. 'Fe wn i am ŵr ifanc hyfryd iawn sy'n caru Duw, a Duw yn ei garu yntau. Dewi yw ei enw. Gofynnwch iddo ddod yma i bregethu. Chewch chi mo'ch siomi. Iddo ef y rhoddodd Duw y ddawn ryfedd hon o bregethu i finteioedd, rwy'n siŵr o hynny. Petai Dewi yn pregethu i chi fe fyddai pob un yn y gynhadledd yn ei glywed mor glir â phetai'n sefyll nesaf ato.'

Aeth dau fynach ar eu hunion o Landdewibrefi i Dyddewi i chwilio amdano. Daethant o hyd iddo yn gweddïo ac yn dysgu. Pan glywodd Dewi neges y mynachod fe ddywedodd wrthynt, 'Byddai'n well gen i aros yma i weddïo. Ewch yn ôl i Landdewi yn nhangnefedd a chariad Duw.' Ac felly y bu.

Ond anfonodd Senedd Llanddewibrefi y ddau fynach yn ôl at Dewi i geisio'i berswadio yn fwy taer i ddod i bregethu i'r Senedd. Siwrnai ofer a gawsant. Yr un ateb a roddodd Dewi iddynt y tro hwn eto.

Y trydydd tro, penderfynodd y Senedd anfon dau o fynachod pwysicaf Cymru i siarad â Dewi, sef Deiniol a Dyfrig. Cychwynnodd y ddau ar eu taith yn hyderus. Roeddynt yn siŵr y byddent yn llwyddo. Wrth orffwyso o'u taith fe weddïodd y ddau gyda'i gilydd yng ngolau'r sêr, ac yna cysgu'n ddau ddyn dedwydd.

Y noson honno, yr union noson cyn i Deiniol a Dyfrig gyrraedd Tyddewi, dywedodd Dewi wrth ei fynachod am fynd i bysgota. 'Daliwch ddigon o bysgod mawr tew i roi gwledd werth chweil i'n hymwelwyr yfory. Codwch ffiolaid o ddŵr gloyw o'r ffynnon hefyd. Fe fyddan nhw'n sychedig wedi teithio mor bell.'

Cychwynnodd y mynachod i lawr at y traeth.

'Mae'n rhaid fod Dewi wedi cael neges yn dweud bod rhywun ar ei ffordd yma,' meddai'r mynach hynaf. Ysgydwodd ei ben yn syn. 'Rhyfedd hefyd. Welais i ddim golwg o neb drwy'r dydd.'

Drannoeth cyrhaeddodd Deiniol a Dyfrig gartref Dewi fel yr oedd y cogydd yn tynnu'r pysgod o'r popty yn y wal. Cododd y cogydd y caead. Trawyd ef ag aroglau pysgod ffres wedi eu potsio mewn menyn garlleg a pherlysiau. Roedd ffiolaid o ddŵr oer fel rhew ar y bwrdd. Y funud yr eisteddodd y mynachod wrth y bwrdd fe drodd y dŵr yn win.

'Fyddwch chi'n bwyta fel hyn bob dydd?' holodd Deiniol mewn syndod.

'Roedd aderyn bach wedi dweud wrtha i y byddech chi yma erbyn canol y pnawn!' chwarddodd Dewi. 'Ac fe ddywedodd eich neges wrtha i hefyd! Ond dewch! Estynnwch at y bwyd yma'n gyntaf. Busnes wedyn.'

Plethodd Dyfrig ei freichiau'n dynn. 'Chymerwn ni ddim gronyn o fwyd na'r un llymaid o ddiod nes byddi di wedi addo dod gyda ni i bregethu yn Senedd Frefi. Mae criw enfawr yn aros amdanat ti yno − mwy na rhif y sêr yn yr awyr. Dere gyda ni, er mwyn cariad Duw.'

'Er mwyn cariad Duw, fe ddof fi. Ond nid i bregethu,' rhybuddiodd Dewi. Gwenodd y tri mynach o glust i glust. Bwytaodd pob un ei wala a'i weddill nes bod ei fol yn llawn. Am y tro, yr oeddynt yn ddynion dedwydd.

Sut y daeth Dewi
yn nawddsant
Cymru

Sut y daeth Dewi yn nawddsant Cymru

'Oes gyda chi ddim byd gwell i'w wneud na hel clecs fel dwy hen iâr?' plagiodd Dewi, ei wyneb yn pefrio ar ôl ymolchi yn nŵr y ffynnon, a chwiff o aroglau sebon lafant yn codi o'r tu ôl i'w glustiau. 'Chi sydd am inni fynd i Senedd Frefi. Siapwch hi!'

'O, gad dy gonan!' meddai Deiniol, a rhoi dyrnod chwareus i Dewi ar fôn ei fraich.

Dyma fyddai diwrnod hapus. Cwmni ei ffrindiau gorau drwy'r dydd. A thrip ar ben hynny! Ond wrth ddod i gyffiniau Senedd Frefi fe glywai'r tri ffrind sŵn wylo. Wrth ddod yn nes, chwyddai'r bwmbwr yn uwch ac yn uwch. Gallent weld dotyn bach coch yn y pellter. Âi'n fwy ac yn fwy wrth i'r tri gerdded ymlaen. Roedd rhywun yn dod i'w cyfarfod yn edrych fel bwgan ac yn hanner wylo, hanner gweiddi bob yn ail.

'Tybed beth sy'n bod?' meddai Dewi yn bryderus.

'Aros di i weld ac fe awn ni'n dau ymlaen i Landdewibrefi i ddweud dy fod di ar dy ffordd,' meddai Deiniol. 'Mae'n siŵr eu bod nhw ar binnau yno erbyn hyn.'

Arhosodd Dewi i'r bwgan ddod yn nes ato. Gwelodd mai gwraig ifanc mewn ffrog goch ydoedd. Roedd y wraig wedi dychryn yn ofnadwy.

'Paid ag ofni. Dewi wyf fi. Gan bwyll bach nawr.'

Pan glywodd y wraig goch enw Dewi fe syrthiodd ar ei gliniau o'i flaen.

'Fe glywais i dy fod di'n ddyn da, yn ddyn duwiol a charedig. Fe glywais hefyd dy fod di'n gofalu am bobl dlawd, a phobl sydd mewn galar.' Dechreuodd y wraig lefain y glaw. Roedd yn llefain cymaint ni allai Dewi ddeall yr un gair a ddywedai wrtho. Cydiodd yn ei llaw a'i chysuro. Cyn hir, daeth y wraig ati ei hun. Sychodd ei llygaid a chwythodd ei thrwyn.

'Mae rhywbeth ofnadwy wedi digwydd. Wnes i erioed feddwl y byddai peth mor ddychrynllyd â hyn yn digwydd imi.' Dechreuodd y wraig sniffian crio eto. 'Buddug ydw i. Gwraig weddw. Mae fy ngŵr i wedi marw ers blynyddoedd. A nawr mae fy unig fab wedi marw. O Dewi, beth wnaf fi?'

Yr oedd yr haul yn uchel yn yr awyr erbyn i'r wraig orffen dweud ei stori. Y bore hwnnw roedd ei mab, Magna, wedi mynd allan i weithio yn y caeau. Gadawodd y gwartheg allan i bori. Y peth nesaf, roedd y tarw wedi torri'n rhydd ac wedi ei gornio yn ei stumog. Nid oedd dim y gallai neb ei wneud i'w helpu. Cariodd cymdogion ef i'r tŷ a gosod ei gorff ar wely o wellt.

'Pan welais i'r dynion yn dod, roedd gen i lwmp bach o ofn yn fy nghalon a hwnnw'n tyfu'n fwy bob munud wrth iddyn nhw ddod yn nes at y tŷ. Roeddwn i'n siŵr mai Magna oedd yn eu breichiau nhw. Roedd e wedi marw! Fe redais i mas i'r ffordd i chwilio am un o wŷr yr eglwys i'm helpu i. O'r diwedd fe ddois

i o hyd i ti.'

'Dere,' meddai Dewi wrthi. 'Fe ddof i'n ôl i'r tŷ gyda thi.'

Dyna lle roedd Magna yn gorwedd yn welw a llonydd. Penliniodd Dewi a Buddug un bob ochr i'w wely. Gweddïodd Dewi yn daer. Gweddïodd â'r fath nerth, gallai dynnu derwen o'i gwraidd. 'Fy Arglwydd Dduw, trugarha wrth y wraig weddw hon a dyro iddi ei mab yn fyw eto, fel y bydd Dy enw Di yn fawr dros yr holl ddaear.' Gweddïodd Dewi mor angerddol, fe syrthiodd ei ddagrau cynnes ar wyneb Magna.

Yr eiliad honno teimlodd Dewi wres yn dod i law Magna, a'i fysedd yn dechrau magu gwaed. Deffrôdd y bywyd yn ei gorff. Roedd yn crynu fel deilen. Yna, agorodd Magna ei lygaid. Cydiodd Dewi yn y plentyn a'i roi i'w fam. Roedd yn holliach.

'O, diolch iti, Dewi! Diolch iti! Roeddwn i'n credu bod Magna wedi marw,' meddai Buddug. 'O hyn ymlaen caiff fyw i wasanaethu Duw, ac i dy wasanaethu di.'

A dyna sut y daeth Dewi a Magna i Senedd Frefi, yn hwyr ond yn hapus. Roedd Deiniol a Dyfrig wedi cyrraedd Llanddewibrefi ers oriau ac yr oedd cryn edrych ymlaen at ddyfodiad Dewi.

Pan welodd y cynadleddwyr ef yn dod yn y pellter, aethant yn haid i'w gyfarfod. Un am ei weld, un arall am ei gyffwrdd. Un am gael bendith ganddo, un arall am gael ei anwesu. Un am gael sgwrs ag ef, un arall am ei addoli. Ond

yr oedd pob un, o'r hynaf i'r ieuengaf, am i Dewi bregethu yn Senedd Frefi y diwrnod hwnnw.

'Addo dod yma wnes i! Feiddiwn i ddim pregethu yma!' protestiodd Dewi. Ond ni fedrai Dewi eu gwrthod yn hir. Roedd pawb yn ei ben ac am iddo adrodd hanes bywyd Iesu wrthynt. Nid oedd ganddo ddewis. Bu'n rhaid iddo gytuno.

'Dere i sefyll ar ben y bryn yma, Dewi!' Ceisiai pawb ei annog i sefyll yn y man uchaf posibl er mwyn i bawb ei weld.

'Dim o gwbl!' meddai Dewi. 'Mae'r ddaear wastad yma yn hen ddigon da i mi.'

'Wel, beth am i ni wneud twmpath o ddillad i ti sefyll arno. Fe fydd yn haws i ni dy weld a dy glywed di wedyn.' Brysiodd pawb ymlaen i daflu ei glogyn neu ei hances ar lawr er mwyn creu llwyfan i Dewi.

'Popeth yn iawn, peidiwch â thrafferthu,' meddai Dewi. 'Ond fe roddaf fy hances fy hun o dan fy nhraed.' Safodd Dewi ar ei hances wen. Yna, yng ngolwg pawb, daeth colomen o'r nefoedd, un wen fel eira, a glanio ar ysgwydd Dewi. Arhosodd yno drwy gydol yr amser y bu Dewi'n pregethu. Pregethodd mewn llais eglur am y rhyfeddod fod Iesu Mab Duw wedi cael ei eni'n fabi bach i Mair. Pregethodd am Iesu yn byw bywyd perffaith. Pregethodd am Iesu yn marw yn lle ei bobl. A phregethodd am Iesu yn codi o farw'n fyw, yn gwmni i Dduw yn y nefoedd, ac i bobl a phlant ar y ddaear.

Fel yr oedd yn pregethu roedd rhywbeth syfrdanol yn digwydd. Roedd y ddaear o dan draed Dewi yn codi. Yn araf, araf. Yn uwch ac yn uwch. Nes bod y llawr gwastad yn fryn uchel. Gallai pawb weld Dewi mor amlwg â'r dydd, a chlywed ei lais oedd yn glir fel trwmped.

Yr oedd y cynadleddwyr yn llawn rhyfeddod. Yng nghyffro'r funud plygodd pob tywysog a sant i addoli Duw. 'Fel y mae Duw wedi rhoi'r eog yn frenin ar y pysgod, a'r dryw yn frenin ar yr adar, felly y rhoddodd Dewi yn frenin ar Gristnogion Ynys Prydain,' meddent.

A dyna sut y daeth Dewi yn nawddsant Cymru.

Gwnewch y pethau bychain!

Gwnewch y pethau bychain!

Fe wnaeth hi fis Chwefror braf y flwyddyn honno, y flwyddyn OC 589. Roedd y defaid wedi wyna'n gynnar, a'r praidd wedi cynyddu cymaint nes bod y llethrau'n fyw o ddefaid mân. Roedd y storfa ŷd wedi cadw dros y gaeaf a digon ar ôl i bawb gael bara tan yr haf. Swanciai'r mêl gloyw yn y potiau pridd, ac roedd digon o fedd ar ôl i suddo llong. Oedd, yr oedd popeth, popeth yn dda.

Un gofid oedd gan y mynachod. A gofid trwm oedd hwnnw. Roedd nerth Dewi yn pallu. Yr oedd wedi mynd i oed mawr. Yr oedd Dewi wedi blino. Nid oedd yn crwydro'r caeau i weld y mynachod yn tynnu'r aradr. Nid oedd yn godro'r gwartheg nac yn bwydo'r lloi bach newydd. Y cyfan oedd ar ei feddwl oedd mynd i'r eglwys i wrando ar y gwasanaethau. Dyna lle yr oedd wrth ei fodd.

Tra oedd Dewi yn yr eglwys un diwrnod, daeth angel i siarad ag ef. 'Dewi,' meddai'r angel, 'wyt ti'n cofio dy fod di wedi gofyn i Dduw am gael mynd ato i'r nefoedd pan fyddi di farw? Wel, mae'r amser i hynny ddigwydd ar fin cyrraedd. Ar y dydd cyntaf o Fawrth, bydd yn barod!'

Goleuodd wyneb Dewi, roedd mor llawen ac yn teimlo mor gyffrous. Ond roedd y mynachod eraill mewn penbleth, ac yn methu deall pwy oedd yn siarad ag ef. Oedd Dewi'n drysu yn ei henaint? Oedd Dewi'n dechrau siarad ag ef ei hun?

'Peidiwch â bod yn ddwl!' meddai Dewi. 'Angel oedd yna. Daeth i roi

gwybod imi pryd y bydda i'n marw.'

Nodiodd y mynachod. Nid fod hyn yn rhywbeth yr oeddynt wedi arfer ag ef. O, na. Nid bob dydd y dôi angel i'r fynachlog. Nid bob dydd y dôi angel i'r fynachlog i ddweud wrth Dewi pryd y byddai'n marw. Ac eto, roedd hyn yn iawn, rywsut. Angel yn dod i siarad â Dewi a dweud wrtho pryd y byddai'n marw. Oedd, roedd hynny'n iawn.

Dim ond Cynan oedd yn teimlo'n annifyr. Roedd Dewi mor od. Siaradai'n fwyn ac yn dawel am farw a mynd i'r nefoedd fel petai'n sôn am fynd i'r eglwys neu i lawr i'r traeth. Ni allai Cynan oddef gwrando arno. Gwyddai Dewi hynny. 'Fyddai'n well gen ti imi beidio â dweud dim am hyn wrthyt ti?' holodd Dewi.

Doedd Cynan ddim yn siŵr iawn sut i'w ateb. Yr oedd wedi cynhyrfu drwyddo. Y gwir amdani oedd fod Cynan yn ofni clywed, ac ar yr un pryd yn ofni peidio â gwybod. A doedd e ddim eisiau i neb wybod am ei gyfyng-gyngor chwaith. Roedd popeth mor anodd!

'Rwy mor drist dy fod di'n hen ac yn wan,' meddai Cynan. 'Dwi ddim eisiau meddwl y byddwn ni'n byw hebddot ti ymhen wythnos.'

'Fe fydd Duw gyda chi hyd ddiwedd y byd,' meddai Dewi. 'A chofia hefyd fod hanner y pethau rwyt ti'n eu hofni byth yn digwydd, a bod yr hanner arall yn troi mas yn llawer gwell na'r disgwyl!'

Aeth y si ar led fod Dewi'n mynd i farw. Daeth pobl o bell ac agos i edrych amdano. Hwyliodd ffrindiau draw o Iwerddon i'w weld. Hwyliodd rhai o Lydaw

a Chernyw. Roedd y môr yn ferw o longau bychain yn teithio'n gyflym i Borth-clais. Pawb yn tyrru at Dewi fel gwenyn yn heidio i'r cwch cyn y storm. Byddai'n chwith i'r bobl dlawd heb ei roddion. Byddai'n chwith i'r bobl sâl heb ei help. Byddai'n chwith i'r hen a'r ifanc hebddo. Roedd hyd yn oed y babis bach newydd eni yn drist. Roedd hi'r un fath ym mhobman. Yr hen ddynion yn galaru fel petai eu mab hwy eu hunain yn mynd i farw, a'r gwŷr ifainc yn llefain fel petai eu tad yn mynd i farw.

Ar fore Sul olaf mis Chwefror aeth Dewi i'r eglwys a dathlu ei gymun olaf. Yna fe bregethodd ei bregeth olaf. Hon oedd ei orau eto. Ni chlywodd neb erioed y fath bregeth, ac ni chlywir pregeth debyg fyth mwy. Wedi gorffen dathlu'r cymun a phregethu ei bregeth, fe drodd Dewi at y bobl a'u bendithio.

'Frodyr a chwiorydd,' meddai wrthynt, 'byddwch yn llawen! Cadwch eich ffydd a'ch cred! Gwnewch y pethau bychain a glywsoch ac a welsoch gennyf fi!' Gwenodd Dewi arnynt, ei wyneb yn grychau hapus.

Ni welodd Dewi ei ffrindiau ar ôl hynny. Daeth gwendid mawr drosto a chariwyd ef i'w wely yn y fynachlog.

Ar y dydd Mawrth, y dydd cyntaf o fis Mawrth, yn gynnar iawn yn y bore, fe ganodd y ceiliog coch dros y wlad. Roedd y mynachod yn yr eglwys yn dechrau ar wasanaeth cyntaf y bore, yn canu emynau ac yn gweddïo. Gorweddai Dewi yn gwrando arnynt o'i gell.

Agorodd Dewi ei lygaid. Roedd wedi blino'n fawr iawn. Daeth Cynan â

diferyn o ddŵr iddo. Ef oedd yn gweini ar Dewi y diwrnod hwnnw. Ni allai Dewi siarad ond daeth gwên i'w lygaid. Gwên o ddiolch oedd hi. Yna, heb ddweud gair, heb symud a heb stŵr, bu Dewi farw.

Edrychodd Cynan arno'n hir; ar ei wyneb tawel, digynnwrf. Roedd Dewi yn llygad ei le unwaith eto. Roedd rhai pethau'n dod i ben yn llawer gwell na'r disgwyl. Yr oedd Dewi wedi cael mynd, mewn llawenydd a buddugoliaeth, i'r lle y mae goleuni heb ddiwedd, ac ieuenctid heb henaint, a lle y mae Brenin y brenhinoedd yn byw yn oes oesoedd.

Cusanodd Cynan ef yn dyner ar ei dalcen.